Als Virginia im Dezember 1922 die Schriftstellerin Vita Sackville-West kennenlernt, ist sie vierzig Jahre alt und steht noch ganz am Anfang ihres literarischen Erfolgs. Nach zwei Suizidversuchen lebt sie umsorgt von ihrem Ehemann Leonard zurückgezogen auf dem Land.

Die abenteuerlustige und anmutige Vita scheint in jeder Hinsicht Virginias Gegenteil zu sein: Die Dreißigjährige ist Mutter von zwei Kindern, lebt mit ihrem homosexuellen Mann glücklich in einer offenen Ehe und ist eine gefeierte Autorin. Zudem kursieren pikante Gerüchte über Vitas Affären mit Frauen.

Vorsichtig nähern die beiden sich an und werden bald ein Liebespaar. Immer wieder wird ihre Beziehung von Konflikten erschüttert, vor allem aber beflügeln Vita und Virginia einander künstlerisch wie intellektuell, geben sich Halt und teilen prägende Ereignisse aus ihren Leben miteinander.

Katja Kulin erzählt eine mitreißende Geschichte von Liebe, Freundschaft und sexueller Befreiung und gibt Einblicke in Leben und Werk zweier Ausnahmeschriftsteller*innen und Ikonen des Queerfeminismus.

Katja Kulin wurde in Bochum geboren und lebt seit 2018 in einem kleinen Dorf in der Voreifel. Sie studierte Germanistik und Erziehungswissenschaften und schreibt Romane, Romanbiografien sowie Sachbücher. Bei DuMont erschien ihr biografischer Roman ›Der andere Mann‹ (2021), der die Liebesgeschichte zwischen Simone de Beauvoir und Nelson Algren erzählt.

Katja Kulin

GELIEBTE ORLANDO

Virginia Woolf und Vita Sackville-West
Eine Leidenschaft

Ein biografischer Roman

DUMONT

Von Katja Kulin ist bei DuMont außerdem erschienen:
Der andere Mann. Die große Liebe der Simone de Beauvoir

Auszug aus Nigel Nicolson (Hrsg.): *Portrait einer Ehe*
© Nigel Nicolson, 2001, published by Weidenfeld and Nicolson,
a division of the Orion Publishing Group. Reproduced with
permission of the Licensor through PLSclear.

Auszüge aus Louise DeSalvo und Mitchell A. Leaska (Hrsg.):
The Letters of Vita Sackville-West to Virginia Woolf
© Estate of Vita Sackville-West, 1985

Das bei der Produktion dieses Buches entstandene CO_2 wurde
durch die Finanzierung von Klimaschutzprojekten kompensiert:
climate-id.com/17531-2110-1001/de

November 2024
DuMont Buchverlag, Köln
Alle Rechte vorbehalten
© 2023 DuMont Buchverlag, Köln
Umschlaggestaltung: Lübbeke Naumann Thoben, Köln
Umschlagabbildung: © Mona Eing & Michael Meissner
Satz: Angelika Kudella, Köln
Gesetzt aus der Adobe Garamond Pro
Druck und Verarbeitung: CPI books GmbH, Leck
Gedruckt auf säurefreiem und chlorfrei gebleichtem Papier
Printed in Germany
ISBN 978-3-7558-0513-7

www.dumont-buchverlag.de

*Für L. und alle, die wie sie noch immer
nur im Verborgenen sie selbst sein können.*

Es ist unglaublich, wie unverzichtbar du für
mich geworden bist. [...] Du hast meinen Schutzwall
durchbrochen. Und das bereue ich wirklich nicht.
Vita an Virginia

Aber verstehst du nicht, dass du mich eines Tages
satthaben wirst? Darauf muss ich mich vorbereiten. [...]
Doch Eselin West weiß, dass sie mehr Mauern
eingerissen hat als jeder andere.
Virginia an Vita

INHALT

SEINSMOMENTE I:
Spiegelung (1928)

Die Erinnerung ist die Näherin
und eine kapriziöse noch dazu.
Die Erinnerung führt ihre Nadel ein und aus,
auf und nieder, hierhin und dorthin.
Orlando

Jede Existenz kennt Momente, die überdauern. Erinnerungen, die ein Leben lang präsent bleiben, die, nur durch eine hauchfeine, durchlässige Membran vom Bewusstsein getrennt, jederzeit unverblasst und detailreich wieder aufblitzen können, angestoßen von einem Geruch, einem Geräusch, einem unbewussten Vorgang. Manchmal scheinen diese Erinnerungen ohne Grund besonders zu sein, es bleibt verborgen, warum gerade sie ein Leben lang erinnert werden und andere, die ebenso bedeutsam hätten sein können, nur durch die Erzählung von jenen, für die sie ebendiese Eigenschaft haben, einen Platz im Gedächtnis zugewiesen bekommen. Und deutlicher als alles andere unterscheiden sich die besonderen Seinsmomente, wie Virginia sie nennt, diejenigen, die mit einer tieferen Erkenntnis oder dem Bewusstsein von etwas Größerem verbunden sind, von jenem automatisierten, fast schon bewusstlosen Durch-die-Tage-Leben, das den größten Teil einer jeden Existenz ausmacht: den Nichtseinsmomenten. Sie vergehen, kaum dass sie geschehen sind, werden weggelebt, hinterlassen keine Spuren.

Außergewöhnliche Seinsmomente aber können im Augenblick des Wiedererlebens realer sein als die Gegenwart. Und ist es nicht vielleicht sogar möglich, fragt sich Virginia, dass diese kostbaren Momente auch außerhalb des Bewusstseins einen Eindruck hinterlassen, dass sie weiterexistieren, unabhängig davon?

Vielleicht, stellt sie sich vor, könnte es in der Zukunft gelingen, vollkommenen Zugriff darauf zu erhalten, sie auf eine Spule zu bannen, einen Stecker in die Dose zu stecken und sich dann zurückzulehnen. Es noch einmal zu durchleben und zu durchspüren: das eigene Leben in den Momenten, die zählten.

Virginia sagt, sie werde einen Spiegel kaufen.

Ein alltäglicher Entschluss, eine alltägliche Handlung. Immerzu kaufen unzählige Menschen in unzähligen Läden unzählige Spiegel, vor allem in einem so hervorragend ausgestatteten Antiquitätengeschäft wie dem im historischen Stadtkern von Auxerre, das sie in diesem Moment mit Vita durchstöbert. Die Freundin nickt darum nur bestätigend und denkt sich rein gar nichts dabei; ihre Gedanken umkreisen gerade – mit nach außen gekehrtem Lächeln – eine chinesische Vase und am Rande des Bewusstseins – mit verborgenem Unbehagen – die leichte Übelkeit, die die vorhin getrunkene und etwas zu vollmundige heiße Schokolade bei ihr verursacht hat. Es ist ihr letzter Tag zu zweit während dieser gemeinsamen Urlaubsreise, der lange ertrotzten Woche in Burgund, und darum gehört er genossen und alles Schöne noch einmal wiederholt, bevor sie morgen in den Zug nach Rouen steigen und vor der endgültigen Rückkehr nach London das Malerinnenpaar Ethel Sands und Anna Hudson besuchen werden.

Auch die Verkäuferin hindert ein für den Umsatz eher unbedeutendes Stück, das über die Ladentheke geht, lange nicht daran, im Kopf den Speiseplan für die folgende Woche weiter zu vervollständigen – eine dieser lästigen, immer wiederkehrenden Notwendigkeiten, die sie gern nebenbei erledigt. Während sie die Adresse notiert, an die der Spiegel geschickt werden soll, entscheidet sie, diesmal Ente mit ins Cassoulet zu geben. Das zufriedene Lächeln, mit dem sie die beiden Kundinnen wenig später verabschiedet, gilt allein ihr selbst.

Eigentlich also gibt es der Gewöhnlichkeit dieses Vorgangs wegen keinen Grund, ihn aus der Erzählung emporzuheben, ihn sogar an ihren Anfang zu stellen und ihm damit eine besondere Bedeutsamkeit zu verleihen. Steckt man jedoch in Virginias Haut, verhält es sich nicht nur ein wenig, sondern ganz anders. Zwei Umstände machen ihre einer Eingebung gleichenden Entscheidung erwähnenswert.

Der unwichtigere: Sie hat große Bedenken gehabt, sich diesen Urlaub in Frankreich zu erlauben, hat sich wochenlang damit geplagt, nicht nur weil sie dafür Leonard, der ihren Tagen für gewöhnlich Struktur gibt, zurücklassen musste – seine Hündin erwartete Nachwuchs, der inzwischen da ist –, nicht nur weil der Gedanke sie drückte, eine ganze Woche allein miteinander könnte dazu führen, dass Vita und sie einander durchschauten, vollständig erkannten und damit endgültig entzauberten, sondern weil er sie das Geld kostet, von dem sie auch neue Teppiche oder etwas ähnlich Nützliches für ihr Landhaus in Rodmell hätte erwerben können. Die alten schimmeln, der fehlenden Unterkellerung wegen, schon eine Weile vor sich hin.

Schließlich ist sie mit dem Vorsatz gefahren, wenigstens die Ausgaben während der Reise gering zu halten. Doch nun hat sie gestern in Avallon schon einen Frisiertisch erstanden, und jetzt, da sie diesen hübschen kleinen Laden kurz vor dem Ende ihrer Urlaubswoche entdeckt haben, macht ihr das Geld, das der Spiegel kostet, keinerlei Sorgen mehr.

Dieser erste Umstand lässt sich leicht mit dem bekannten Phänomen erklären, dass sich mit der Grafitmine des Willens emphatisch ins Hirn geschriebene Vorsätze problem- und vollkommen rückstandslos mit dem sich nie aufbrauchenden Radierer namens Begehr wieder auslöschen lassen. So kann man sich bald vormachen, sie nie getätigt zu haben.

Wirklich erwähnenswert macht diesen Moment ein ganz anderer Sachverhalt. Der Anblick ihres eigenen Gesichts, ihres eigenen Körpers im Spiegel hat sie seit jeher mit dem Gefühl von Scham und Schuld erfüllt. Kleideranproben? – Ein Graus. Die Nase in der Öffentlichkeit pudern? – Eine Folter. In einem neuen Kleid den Raum betreten und sich in Dutzenden Augenpaaren gespiegelt finden? – Herzallerböseste Peinlichkeit. Aber auch für sich ganz allein meidet sie seit Langem den Blick in reflektierende Oberflächen.

In Saint Ives hat sie als kleines Kind, auf Zehenspitzen stehend, noch oft ihr Gesicht im Konsolenspiegel im Vestibül des familiären Sommersitzes Talland House betrachtet und geprüft, ob sie Ähnlichkeiten mit ihrer Mutter und ihrer Halbschwester Stella entdecken konnte – beide wurden für ihre Schönheit gerühmt –, allerdings nur dann, wenn sie ganz sicher war, dass niemand sie dabei überraschen würde.

Die Scham und die Schuldgefühle erklärt ihr Verstand sich heute mit der atavistischen Furcht davor, für eitel und stolz gehalten zu werden, mit einem von ihrem Großvater und Vater ererbten Instinkt, der Puritanismus und Askese fordert. Nicht ganz zu dieser Erklärung passt aber die Tatsache, dass sie ihre natürliche Liebe zur Schönheit immer ungehindert hat er- und ausleben können, in Verzückung und Ekstase dabei geraten sogar, solange sie nur nichts mit ihrem eigenen Körper zu tun hatte. Muss also nicht etwas geschehen sein, das ihr die Lust am eigenen Anblick genommen hat? Warum denkt sie ausgerechnet jetzt daran? Es muss an dem Gespräch liegen, das sie vor einigen

Tagen in Saulieu mit der Freundin in deren Hotelzimmer geführt hat.

Als sie nun mit Vita das Geschäft verlässt – die Sonne ist hervorgekommen, die Gehwege sind belebt, und die Luft, die noch nach dem Regen von heute Mittag riecht, ist erfüllt von Gesprächen und dem Hufgeklapper der Kutschpferde –, rührt sich in ihr wie eine Schlange in einem dunklen Nest die Erinnerung an einen Traum, den sie als Kind gehabt und nie ganz vergessen hat. Der Eindruck, den er hinterlassen hat, ist so tief, dass sie nicht mit Sicherheit zu sagen weiß, ob dieses Erlebnis wirklich nur im Schlaf oder nicht doch in der Wirklichkeit stattgefunden hat.

Während sie sich bei Vita einhakt, die ihr gerade erklärt, wann sie morgen wo sein müssen, um pünktlich den Zug zu erreichen, scheint es erneut auf wie eine Landschaft im Aufleuchten eines Blitzes: Beim Betrachten ihres Gesichts im Spiegel, wieder im Vestibül, ist da plötzlich eine Bewegung hinter ihr, und dann schaut die schreckliche Fratze eines unbekannten Tieres ihr über die Schulter. Das Grauen, das sie bei seinem Anblick ergreift, ist ein sehr altes.

»Ist dir kalt, mein Liebes?«, fragt Vita, die ihr leises Zittern als die fürsorglich Mütterliche, die sie ihr schon so oft gewesen ist, sofort erspürt. »Gehen wir doch zurück zum Hotel, es wird Zeit.«

»Ja, gehen wir«, sagt Virginia, nun wieder verankert im Jetzt.

Sie ist noch mehr als eine Dekade davon entfernt, sich an das frühe Ereignis zu erinnern, das, wie der Missing Link es irgendwann für die Hominisation tun wird, ihr eine Brücke zum Verständnis von sich selbst schlagen kann, und dennoch ist auch heute der Moment einer tieferen Erkenntnis, die sich nach dem Abendessen, als sie und Vita auf ihrem Zimmer vor dem Feuer zusammensitzen, mit einem Mal wie eine Blüte in ihr öffnet, langsam, Blatt für Blatt. Sie hat diesen Spiegel gekauft, weil sie jetzt hineinblicken *will*, weil sie sich ihrer Existenz vergewissern, weil sie *da sein* will. Diese Einsicht schließt Räume auf.

Sie greift nach der Hand der Freundin, die sofort mit wachem Blick von ihrem Buch aufschaut, und sagt ihr alles: Die letzten Jahre haben der Fülle an Dingen, die ein Mensch erfahren und schriftstellerisch bearbeiten kann, so viel bisher Ungelebtes hinzugefügt. All die Lächerlichkeiten, die mit der leidenschaftlichen Liebe verbunden sind: das Schmachten, die Verschmelzungswünsche, die Eifersucht, der zersetzende Schmerz. Und all das Wunderbare: Ströme von Kraft und Energie, rotwangige Vorfreude, die Lust am eigenen Körper, im eigenen Körper, erlebt mit einem Gegenüber. Es bleibt nur noch die eine Sache, über die sie niemals schreiben wird.

Das hat Vita ihr gegeben.

11. OKTOBER 1928
LONG BARN, SEVENOAKS, KENT

Vita sagt, sie werde ihr Zimmer heute nicht mehr verlassen.

Das Dienstmädchen, das geklopft hat, weil Lady Nicolson nicht wie sonst nach dem Läuten der Lunchglocke unten erschienen ist, nimmt es mit einem Anflug von Verärgerung zur Kenntnis, denn die Tafel ist längst gedeckt. Aber so etwas kommt vor, manchmal hat die Lady Launen, will plötzlich nichts und niemanden sehen, selbst wenn sie Gäste hat. Heute mag sie offenbar nichts als lesen. Ob sie den Lunch also hier oben servieren dürfe, fragt das Mädchen, worauf die gnädige Frau die Hand mit dem Buch auf die Chaiselongue sinken lässt, während sie mit der anderen an ihren Perlen nestelt, und sie zerstreut anschaut. »Na, was denn sonst?«

Was denn sonst, wiederholt das Mädchen in Gedanken. Sie will gerade die Tür hinter sich schließen, da ruft Lady Nicolson ihr noch etwas hinterher. »Aber kein Aufheben! Wirf nur irgendetwas auf einen Teller, ich habe nicht viel Appetit!«

Es ist die Art von vager Anweisung, die Dienstpersonal den Schweiß auf die Stirn treibt, denn in Wahrheit gleicht sie einer Prüfung. Welches *Irgendetwas* mag das Richtige sein, welche Zusammenstellung und Menge erfüllen die geheime Erwartung, die womöglich hinter der lapidar dahingesagten Bemerkung steckt? Nun, sie wird diese Frage unten mit den anderen Mädchen und der Köchin besprechen.

Vita nimmt ihre Lektüre nicht gleich wieder auf, streckt lieber die Glieder, zündet eine Zigarette an, geht ein paar Schritte und schaut aus dem Fenster, gegen das der Wind seit Stunden Regen wirft, in den Garten, den sie bald auf seine Winterruhe vorbereiten will. Sie bleibt so, bis das Essen auf dem Tisch steht und das Mädchen endgültig fort ist. Den absurd vollgehäuften Teller beachtet sie nach einem raschen Blick nicht weiter, setzt sich und nimmt wieder das Buch zur Hand. Hunger hat sie wirklich nicht, dafür hat sie zu viel zu tun.

Sie muss begreifen, was sie da zu lesen begonnen hat und noch heute zu Ende bringen wird: *Orlando*. Virginia ist geknickt gewesen, weil sie ihr zunächst nur die gewöhnliche Ladenausgabe hat schicken können. Das Manuskript, in einen Einband aus Leder gefasst, den Virginia eigens für sie anfertigen lässt, Vitas fein gearbeitete Initialen inklusive, wird diese ihr erst in zwei Monaten zum Nikolaustag überreichen können; die Verspätung dieses Präsents hat sie ihr schon während des gemeinsamen Urlaubs angekündigt. Die liebe Geste eines lieben Wesens, doch die Hülle interessiert Vita nicht, jetzt und immer ist es allein der Inhalt, um den es geht. Denn Virginia, gemeines Stück, das sie genauso gut sein kann, hat sie vor der Veröffentlichung nicht einen Blick in das Manuskript werfen lassen.

Heute Morgen ist sie also mit dem Gefühl erwacht, das sonst Geburtstage begleitet: kribbelnde Vorfreude, flankiert von der leisen Furcht, etwas ganz und gar Unpassendes geschenkt zu bekommen, etwas, das vollkommene Unkenntnis des eigenen Wesens im Gegenüber offenbart. Und vielleicht ist dieser Tag wirklich ein Geburtstag, schließlich wird sie heute in ihre neue Identität als Orlando hineingeboren und von nun an zweimal existieren: als sie selbst und als Virginias Erfindung. Das Buch ist mit der ersten Post gekommen, und seitdem liest sie.

Fast auf den Tag genau ein Jahr ist es her, seit Virginia ihr in einem Brief von der Idee erzählt hat, die sich ihr unvermittelt und mit großer Wucht aufdrängte. Verzweifelt sei sie gewesen, schrieb sie, denn sie habe den richtigen Einstieg für den Essay über das Wesen des Romans, den Leonard ihr abrang, nicht finden können. Dann aber habe sie wie automatisch die Feder in die Tinte gesenkt und auf ein frisches Blatt die Worte »Orlando: Eine Biografie« geschrieben. Eine Schleuse öffnete sich, ungezähmte Ideen quollen heraus. Orlando, das solle ein ebenso feingeistiger wie abenteuerlustiger Jüngling von Adel sein, dessen Lebensspanne Jahrhunderte umfassen und der im Laufe der Handlung sein Geschlecht wechseln werde.

Gleich zwei ungeheuerliche Ideen auf einen Streich. Virginia hatte nicht weniger vor, als die Biografie zu revolutionieren, doch das war noch nicht alles. Den eigentlichen Anlass ihres Briefes enthüllte sie zum Schluss: Orlando, das sei in Wahrheit sie, Vita, und das Buch werde von all dem handeln, was ihr Fleisch begehre und ihren Geist anrege. Alle Welt werde sie erkennen können. Ob sie also einverstanden sei?

Schon damals kannte Virginia ihre Vergangenheit und wusste, dass sie Gerede nicht fürchtet. Natürlich hat sie zugestimmt, begeistert, geschmeichelt, und mit diebischer Vorfreude schon die entrüstete Reaktion ihrer Mutter antizipiert.

Dass womöglich Sanktionen ganz anderer Art auf das Buch warten könnten, auf den Gedanken ist Vita erst vor ein paar Monaten gekommen. Seitdem hat sie ernsthaft befürchtet, das Buch könnte einen echten Skandal auslösen, ähnlich wie der Ende Juli erschienene Roman *Quell der Einsamkeit*.

Gegen die Geschichte eines lesbischen Paares hat James Douglas, Redakteur bei der *Sunday Express* und glühender Verfechter der Zensur, umgehend eine regelrechte Hetzkampagne gestartet. Nun sieht das Buch einem Prozess entgegen, soll verboten werden, obwohl oder vielleicht auch weil es ganz und gar nicht geschrieben wurde, um lasterhaften Neigungen der Leser Vorschub zu leisten, sondern weil es authentisch von echter, tiefer Liebe erzählt, nur getrübt durch gesellschaftliche Intoleranz.

Als erstes publiziertes Buch dieser Art hat es Vita tief gerührt, auch wenn es nicht sehr gut geschrieben ist. Schon lange schwelt in ihr das Vorhaben, selbst einen solchen Roman zu schreiben. Aber sie würde es wohl kaum besser machen als Radclyffe Hall, könnte der gleichen Versuchung nicht widerstehen, der die Autorin erlegen ist. Denn vermutlich ist es der unüberlesbare Appell, der *Quell der Einsamkeit* gerade das Genick bricht, fordert Hall darin doch, Homosexualität als gottgegeben und natürlich anzusehen, und das, so viel steht fest, hat zu nichts anderem als einem Aufschrei führen können.

Unwillkürlich blickt Vita zu ihrem Schrank, wo im obersten Fach in einer abschließbaren Reisetasche ihre heimliche Autobiografie ruht, mit Bleistift in ein großes Notizbuch geschrieben. 1920 hat sie sich darin die reine Wahrheit über ihre Ehe mit Harold und ihre Liebe zu Violet Keppel von der Seele geschrieben. Diesen Seiten hat sie auch die Überzeugung anvertraut, irgendwann einmal, in ferner Zukunft, werde die Gesellschaft so weit sein, gleichgeschlechtliche Liebe ebenso zu akzeptieren wie die Tatsache, dass es so viel mehr gibt als Männer und Frauen als unüberwindliche Gegensätze, ein Dazwischen, aufgefächert in verschiedenste Ausprägungen. Doppelnaturen wie sie selbst – nie hat sie sich so frei gefühlt wie in der Zeit, als sie nicht Vita, sondern Julian war, mit Violet in Paris –, in denen männliche und weibliche Anteile gleichermaßen existieren und wechselweise dominieren können. Wie viel Zeit bis dahin wohl noch vergehen muss? Nun, hundert Jahre werden es wohl mindestens sein.

Vita liest, vorerst vergehen nur ein paar Stunden. Sie folgt Orlando, der nicht nur sie selbst ist, sondern auch all ihre Vorfahren in sich vereint, durch Zeit und Raum. Von seinem Landsitz, der ihrem geliebten und verlorenen Kindheitsparadies Knole gleicht, womit Schurkin Virginia sie zum Weinen bringt, an den Hof Elisabeths I., verliebt sich mit ihm während des Großen Frosts glühend in die russische Prinzessin Sasha, ein Abbild Violets, und wird bitter enttäuscht, schreibt sich mit ihm erfolglos die Finger an Dramen und Gedichten wund, immer auf der Suche nach den richtigen Worten, begleitet ihn als Botschafter nach Konstantinopel, wo sie selbst zwei Jahre lang gelebt hat, heiratet eine Roma-Tänzerin, die den gleichen Namen trägt wie einst ihre Urgroßmutter, erwacht mit Orlando nach einem langen Schlaf als Frau – wie mühelos Virginia das gelingt! –, verliert ihres Geschlechts wegen nun ihren Landsitz mit allem Hab und Gut – so wie Vita nach dem Tod des Vaters Knole – und zieht, keinen Tag mehr alternd, mit ihr fort gen Balkan, um bei den Roma in den Bergen das einfache Leben zu leben, von dem auch Vita dann und wann träumt, bis sie schließlich in ein England zurückkehrt, das in mehreren Epochensprüngen von der Renaissance bis zur Romantik gelangt ist und wo Orlando sich wie sie selbst von der Frauenrolle so eingeengt fühlt, dass sie nachts in Männerkleidern auszugehen beginnt; wird vom Dunkel der Viktorianischen Ära niedergedrückt, heiratet schließlich einen Kapitän, der wie Harold sehr viel Weibliches an sich hat, gewinnt die Prozesse um ihre Besitztümer – erneute Tränen – und vollendet endlich ihr seit Jahrhunderten in Arbeit befindliches Langgedicht *Die Eiche* und erhält, wie auch Vita mit *The Land*, einen Preis dafür.

Irgendwann ist die letzte Seite da. Lächelnd liest sie die abschließende Kapriole, die Virginia in diesem Meisterwerk schlägt: Es endet heute, am Tag seiner Veröffentlichung.

Langsam schließt sie das Buch, lässt es in den Schoß sinken und den Blick nach innen gehen, während sie über den Einband streicht. Ihre Wangen glühen, sie fühlt sich ein wenig benommen. Oder nein, wie verhext fühlt sie sich. Orlando hat sie ganz in seinen, in ihren Bann gezogen, so wird sie es Virginia gleich in einem Brief mitteilen. Nie im Leben wäre sie auf die Idee gekommen, ein Buch so zu schreiben, wie die Freundin es getan hat. Die Sprache, der Stil, beides ist anmutig wie immer, aber die Geschichte ist als Konglomerat aus Wahrheit und Märchen auch ein ungewohnt sprühendes Feuerwerk der Fabulierlust. Virginia hat das Kunststück geschafft, sie wird damit durchkommen, denn ihre Raffinesse verhindert, dass das Publikum das Wort *Subversion!* beim Lesen auch nur denkt. *Chapeau, mon amour!*

Vita legt das Buch zur Seite und steht auf. Sie braucht Abkühlung. Es regnet noch, aber nicht mehr so heftig. Als sie das Fenster öffnet, erfrischt der Wind ihre Wangen sofort, mit geschlossenen Augen streckt sie sich ihm entgegen. Die Benommenheit schwindet, ihr Geist klärt sich. Orlando. Ja, Virginia hat sie rekonstruiert, aus Worten neu gebildet, Nadelstiche dabei ebenso wohlgesetzt wie wärmende Sonnenstrahlen und gemeinsame Erinnerungen, die niemand wiedererkennen wird. Über dem Kaminfeuer geröstete Rosinenbrötchen.

Plötzlich fühlt sie sich erhaben, denkt einen so furchtlosen Gedanken, dass sie gleich ein wenig Angst bekommt. Vita schließt das Fenster, nimmt das Buch und setzt sich damit an ihren Sekretär, wo das Papier schon bereitliegt. Ein Brief an die Autorin muss geschrieben werden. Vorher will sie nur noch einmal durch die Seiten blättern und versinkt dann doch wieder darin, starrt hinein wie einst Narziss an der Quelle auf sein Spiegelbild. Diesen Gedanken muss sie sich für den Brief merken. Virginia habe eine neue Art von Narzissmus erfunden, wird sie ihr schreiben, denn sie habe sich in Orlando verliebt. Und einer schmucklosen Kleiderpuppe, wie sie doch eine sei, mithilfe ihres Füllers ein prächtiges, mit Juwelen besetztes Gewand übergeworfen.

Vita reißt sich los und beginnt, schreibt der Freundin das und alles, was in einem Brief gesagt werden kann, hebt einiges für einen gemeinsamen Moment mit ihr und ihrem Lieblingswein auf und behält das Wichtigste, das Fragilste, den Gedanken von vorhin, für sich: Virginia hat mit Orlando Knole für sie zurückerobert. Sie hat sie zwischen den Geschlechtern wandeln lassen, frei, sie hat sie verstanden. Heute kann Vita glauben, dass alles möglich ist.

Das hat Virginia ihr gegeben.

EINS

*Die Beine, die Hände, der Körperbau waren die eines Jungen,
aber kein Junge hatte je einen solchen Mund gehabt;
kein Junge diese Brüste; kein Junge Augen, die aussahen, als
wären sie vom Grund des Meeres gefischt worden.*
Orlando

ↁ

Das Auftreten der Aristokratie ähnelt dem
der Schauspielerinnen – keine falsche Schüchtern- oder
Bescheidenheit – [...] ich fühle mich dagegen jungfräulich,
schüchtern, wie ein Schulmädchen. Dennoch gab ich
nach dem Abendessen plappernd meine Ansichten zum Besten.
Sie ist ein Grenadier; hart, wunderschön, männlich.
Virginia in ihrem Tagebuch, 15. Dezember 1922

Mrs Woolf ist so einfach: Sie macht unbedingt den Eindruck
von etwas Großem. Sie ist völlig ungekünstelt, ganz
ohne äußere Verzierungen – sie zieht sich abscheulich an. [...]
Sie ist sowohl distanziert wie menschlich, schweigt,
bis sie etwas sagen will, und sagt es dann unübertrefflich gut.
[...] Darling, ich habe richtig mein Herz verloren.
Vita an Harold, 19. Dezember 1922

Vor zwei Tagen haben die Nicolsons hier gegessen.
Unter elektrischem Licht zeigen Eier dunkle Flecken. Soll heißen,
wir haben sie beide für unheilbar geistlos befunden.
Virginia in ihrem Tagebuch, 13. März 1923

Die Sekretärin des P.E.N.-Clubs hat mir geschrieben, dass ich
zum Mitglied gewählt worden bin. Ich bedaure sehr, dass
ich ablehnen muss, da ich aus den Clubunterlagen ersehen kann,
dass es sich um einen reinen Dinner Club handelt [...].
Virginia an Vita, 15. April 1923

ↄ

»Ich war wirklich entzückt, als ich hörte, dass Sie Ihren Haupt-
wohnsitz in die Stadt verlegen. Mit Ihnen darin wird London
gleich viel heller sein – und zwar jegliche Bedeutung betreffend,
die man diesem Wort nur geben kann.« Vita senkte den Blick
auf ihren Pudding, lächelte nach innen gekehrt, als wäre sie
ebenso überrascht und erfreut über ihr kleines Sprachspiel wie
über den anstehenden Umzug. Dann fing sie sich und hob ihren
Likörkelch. »Lassen Sie uns darauf anstoßen.«

Lord Berners, den Vita ihr hatte vorstellen wollen, weil er
nicht nur Ehrenattaché und Komponist war, sondern auch mit
dem Gedanken an die Schriftstellerei spielte, tat es ihr gehorsam
nach, also hob auch Virginia ihr Wasserglas. Immerhin hatte es
fast das ganze Dinner gebraucht, bis sie auf die Neuigkeit zu
sprechen kommen konnte. Dafür kannte sie nun bereits die gesamte Lebensgeschichte des Lords einschließlich seiner Zeit
als Attaché in Konstantinopel, wo er das Ehepaar Nicolson kennengelernt hatte. Er war blass und rund, sein Auftreten aber von
einer gewissen Entschlossenheit, wobei es Virginia ein wenig so
vorkam, als hätte er diese allein seinem Titel zu verdanken. »Sie
können wohl kaum entzückter sein als ich, liebe Vita. Schließlich werden Sie ja nicht von einer Druckpresse bedrängt. Wir
sitzen nicht ohne Grund in der Küche. Zuerst hat sie mit allem
Zubehör das Esszimmer belegt – ein weiteres Exemplar hält die

Speisekammer besetzt –, und nun macht sie uns langsam, aber sicher den Platz im eigenen Bett streitig.«

»Interessantes Szenario«, sagte Lord Berners. »Vielleicht stelle ich es in meinem Gästezimmer nach.« Er lachte herzhaft über das, was ein Scherz sein mochte, vielleicht aber auch nicht, denn der Lord war Vitas Bericht nach bekannt für seinen Hang zur Exzentrik.

»Nun, am Tavistock Square wird die Hogarth Press jedenfalls im Keller ihr neues Zuhause finden. Er gleicht einem Labyrinth, und alles, was sich hier stapelt, wird einen eigenen Platz bekommen. Wir wollen unbedingt versuchen, die Anzahl der erscheinenden Titel stetig zu erhöhen.« Und sehen, ob es uns gelingen wird, den Umsatz so zu steigern, dass Leonard die Redakteursstelle bei der *Nation* aufgeben kann, dachte sie bei sich.

»Das müssen Sie«, meinte Lord Berners. »Sie haben ein Händchen für Talente. Ich bin kein großer Freund von Lyrik, aber *Das wüste Land* war eine Offenbarung!«

»Eliot ist wunderbar, ein sehr korrekter Mann. Wir haben schon 1919 einen Band mit sieben Gedichten von ihm veröffentlicht, das war erst unser viertes Buch, aber es wurde in der *Literary Supplement* gelobt, und eines Morgens danach fanden wir den Boden vor der Haustür mit Briefen übersät vor. Bestellungen von Buchhändlern aus dem ganzen Land.«

Lord Berners strich sich anerkennend nickend über den Schnurrbart. »Dann können Sie und Ihr Mann sich durchaus so etwas wie seine Entdecker nennen.«

»Eliot jedenfalls hat einen guten Anteil daran, dass wir, was als Freizeitbeschäftigung gedacht war, nun etwas professioneller aufziehen wollen.« Virginia hauchte das Streichholz, mit dem sie sich gerade eine Zigarette angezündet hatte, aus und beobachtete, wie die Glut erlosch. »Aber wissen Sie, mehr noch als auf den Ausbau des Verlags freue ich mich auf London selbst. Kultur, Freunde, Bücher, Verlage, all die anregenden Großstadtszenarien werden wieder in greifbarer Nähe sein. Ich denke, meinem Schreiben wird es guttun.«

Für einen kurzen Moment versank sie in der Vergangenheit. Seit Leonard und sie zwei Jahre nach ihrer Heirat und einer Reihe von Katastrophen, die beinahe zu ihrem Tod geführt hatten, aus ihrer kleinen Wohnung im Clifford's Inn und nach Richmond gezogen waren, hatte sie sich oft abgeschnitten von der Welt gefühlt. Leonard hatte, auch als es ihr längst besser ging, weiter darauf beharrt, der Trubel im Zentrum Londons würde ihre Nerven zu sehr strapazieren. Seine Fürsorge war damals gewiss ihre Rettung gewesen, doch von der Art, dass jeder Ratschlag, der einmal aus dem Mund eines Arztes kam, wörtlich und auf ewig befolgt werden musste. Dabei nahmen sie inzwischen so häufig an Gesellschaften in London teil, dass der Umzug nach Bloomsbury sich mehr als anbot. Nun war es ihr also endlich gelungen, sich durchzusetzen. Ach, Genugtuung fühlte sich gut an.

»Wann ist es denn so weit?«, fragte Lord Berners, der Augenblicke des Innehaltens offenbar nicht ertrug.

»Anfang März wahrscheinlich.«

»Ich könnte Ihnen den Rolls-Royce für den Umzug leihen, würde das helfen?«, preschte Vita, wie immer ohne falsche Zurückhaltung, vor. Bei dem Essen bei Clive – ihr Kennenlernen im Dezember 1922 – war ihr eine Schmuckperle ins Essen gefallen, und sie – papageienbunt gekleidet, rotwangig und mit Damenbart gleichzeitig einer Göttin und einem Grenadier gleichend – hatte sie völlig unbekümmert mit einer Hand herausgefischt, Clive geschenkt und nach Likör verlangt.

»Sehr liebenswürdig, Vita. Aber wir werden wohl alles einer

Umzugsfirma überlassen. Genug davon. Wie ich sehe, können die Mädchen abräumen. Gehen wir doch ins Wohnzimmer und sprechen über Tiefsinnigeres.«

Wie sich herausstellte, zog Lord Berners das Lachen dem Denken vor. Kaum saßen sie eng beieinander am Kamin – Virginias Terriermischling Grizzle biederte sich sofort bei Vita an, leckte ihr die Hand, warf sich wedelnd auf den Rücken – und hatten sich eine Zigarette angezündet, ergänzte er die Eckpfeiler seiner Biografie um allerlei witzige Anekdoten, die sämtlich Zeugnis seiner Unangepasstheit ablegten. Ganz selbstverständlich fing er bei Adam und Eva an, nämlich seiner Kleinjungenrache, zu deren Zweck er alle Toilettenschlüssel im Haus seiner Mutter einsammelte und in den Teich warf, nachdem sie ihn wegen schlechten Betragens in einen Schrank gesperrt hatte. Es verstand sich von selbst, dass er hier und heute derjenige war, der sich am köstlichsten darüber amüsierte.

Auch Vita hatte nichts den Intellekt Anregendes beizutragen, und das, obwohl sie, Anfang dreißig und damit zehn Jahre jünger als Virginia selbst, bereits sehr erfolgreich als Schriftstellerin war. Aber nun, sie schrieb unglaubliche fünfzehn Seiten am Tag, der echte Geist des Künstlers fehlte ihr, auch wenn sie im Gegensatz zu ihrem Gatten Harold gute Ansätze besitzen mochte.

»Kennen Sie Moore?«, versuchte Virginia dem Gespräch eine neue Richtung zu geben. Natürlich meinte sie George *Edward* Moore, den von den Bloomsberries hochverehrten Philosophen, doch Vita fragte zurück: »Sie meinen den Romancier?« Sie dachte an George *Augustus*, den skandalumwitterten alten Realisten.

Virginia war kurz davor, »Mehr Hirn, oh Herr, mehr Hirn!« auszurufen, so wie es George Meredith in dem Sonett tat, das sie schon in ihrer Jugend gern zitiert hatte. »Aber nein, Vita, warum sollte ich ausgerechnet über ihn reden wollen? Der moderne

Schriftsteller muss den Realismus aufgeben, und zwar dringend. Wir haben wohl wirklich sehr unterschiedliche Ansätze.«

Innerlich krümmte Vita sich unter diesem Hieb zusammen, äußerlich behielt sie bis auf ein kurzes Zusammenpressen der Lippen die Contenance. Plötzlich fühlte sie sich in den letzten März zurückversetzt, als Virginia Harold und sie zu einer Party im Haus ihrer Schwester Vanessa geladen hatte. Seit jeher traf sich die Bloomsbury-Gloomsbury-Bande bevorzugt dort, und an jenem Abend sollten Harold und sie in ihren Kreis eingeführt werden. Ein Ereignis, dem man am besten mit ein wenig Freude, vor allem aber mit Furcht begegnete. Und mit Aufregung, denn es war ihr fünftes – und in der Folge dann auch bis heute letztes – Aufeinandertreffen mit Virginia gewesen, ihr Herz schon damals unrettbar an sie verloren. Seit *Jacobs Zimmer* hielt sie sie für die ohne Frage beste zeitgenössische Schriftstellerin, aber da war noch mehr. Diese schrecklich nachlässig gekleidete und gekämmte Frau, bar jeder äußeren Verzierung, offenbarte bei genauerem Hinsehen Anmut und eine geistige Schönheit, der sie sich nicht hatte entziehen können.

Der Abend in Bloomsbury verlief jedoch nach einem guten Anfang äußerst unerfreulich. Vanessa zeigte ihnen ihr Atelier, während die Party bereits an Fahrt gewann. Vor allem Maler und Malerinnen waren anwesend – Duncan Grant, Vanessas Lebensgefährte, außerdem Clive Bell, mit dem sie nach wie vor verheiratet war, Ethel Sands und Roger Fry, aber auch Schriftsteller wie David Garnett und Lytton Strachey befanden sich unter den Gästen. Es wurde getrunken, getanzt, gesungen und sogar ein kleines Schauspiel aufgeführt, alles in gelassener, heiterer Stimmung.

Doch als es spät wurde und der Kreis sich bis auf den harten Kern verkleinerte, standen Harold und sie mit einem Mal im

Mittelpunkt der Aufmerksamkeit. Alle Anwesenden schienen nur darauf zu warten, dass einer von ihnen beiden sich mit einem ungeschickten Satz lächerlich machte. Klein und dumm war sie sich bald vorgekommen, aber besonders Harold geriet in Bedrängnis, als Lytton Strachey, der wie er Biografien verfasste, und Duncan Grant plötzlich auf unpassend ironische Art infrage stellten, ob die Schriftstellerei wirklich etwas sein könnte, das die Natur ausgerechnet ihm mit in die Wiege gelegt hatte. Und das, obwohl gerade eben seine Tennyson-Biografie erschienen war! Vor lauter Verärgerung geriet der arme Harold ins Stammeln und brachte keinen geraden Satz mehr heraus.

Immerhin, Virginia hatte seine Not bemerkt und war für ihn in die Bresche gesprungen, merkte an, die Biografie sei ein Genre, das sich im Umbruch befinde, weswegen im Moment niemand wisse, ob es nicht gerade er sei, der am Ende einen wichtigen Teil zu ihrer Erneuerung beitragen werde. Dennoch hatten sie sich seit diesem Tag nicht wiedergesehen, nur sporadischen Briefkontakt gehabt. Sie vermutete, Virginia mit der Anfrage verärgert zu haben, ob sie sich nicht für deren Aufnahme in den P.E.N.-Club einsetzen solle, denn während Vita die Aufnahme immer noch als Ehre empfand, beinhaltete sie für Virginia offenbar wegen ihrer Abneigung gegenüber dem Konservativismus etwas Ehrenrühriges. Sie konnte wirklich ein Snob sein.

Am heutigen Abend, der auf Vitas eigene Initiative zurückging, weil ihr genau dieser Snob trotzdem gefehlt hatte, sollte nun offenbar sie die Zielscheibe abgeben. Mal sehen, ob sie das nicht verhindern konnte. »Virginia, warum schreiben Sie nicht auch eine kleine Geschichte für das Puppenhaus der Königin?« Das Wort *Puppenhaus* war selbstredend zu gering für dieses kleine Weltwunder, das Prinzessin Marie Louise vor drei Jahren in Auftrag gegeben hatte, um damit ihrer Cousine, Queen Mary, ein ganz besonderes Geschenk zu machen. Ein Geschenk des Volkes an seine Königin und gleichzeitig Meisterstück seiner besten Kunsthandwerker und Künstler sollte es sein, bevölkert mit Miniaturnachbildungen der Ausstattung von Schloss Windsor, winzigen Originalgemälden wichtiger Maler und, ja, auch einer Bibliothek mit Werken zeitgenössischer Schriftsteller. »Es wird in diesem Jahr fertiggestellt und der Öffentlichkeit präsentiert, aber noch ist es sicher nicht zu spät! Ich konnte es kaum glauben, als der Brief der Prinzessin kam. Was für eine Ehre, in einem Atemzug mit literarischen Genies wie Kipling, Conrad, Conan Doyle und Maugham genannt zu werden!«

»Und dann mit ihnen in einer Miniaturbibliothek zu landen«, sagte Virginia mit spöttisch geschürzten Lippen. »Wirklich ein gewagter Atemzug, diese Aufzählung. Aber sagen Sie, Vita, hat das Puppenhaus denn auch ein Wasserklosett?«

»Ja doch, hat es, es gibt fließend Wasser, Strom und sogar einen Aufzug!«, rief sie aus, merkte jedoch im selben Moment, dass sie aufgezogen worden war. Die Hitze, die ihr daraufhin ins Gesicht schoss, ließ sie überraschend forsch werden. »Manchmal sind Sie schon ein bisschen hochnäsig, Virginia.«

Diese neigte nur den Kopf und sah sie stumm an. Das Knistern der Scheite im Kamin erschien plötzlich sehr laut, gleichzeitig schickte unangenehme Stille sich an, die Bühne zu betreten. Glücklicherweise zog Lord Berners ihr den Vorhang vor der Nase zu. »Apropos Wasserklosett, ich habe da eine witzige Geschichte gehört!« Er setzte sich in Positur, um seiner Rede Nachdruck zu verleihen. »Es begab sich demnach, dass Queen Mary das erstaunliche kleine Ding in Augenschein nehmen wollte. Sie beugte sich mit dem Kopf genau darüber, um in die Schüssel zu schauen, während die Spülung betätigt wurde. Wasser schoss also aus dem Kasten und folgte brav der Schwerkraft, von der Königin überschwänglich gelobt. Unglücklicherweise tat eine Haarsträhne, die sich aus ihrer Frisur gelöst hatte, Selbiges, und das Unglück geschah: Die Strähne verfing sich am hochgeklappten Deckel, und Ihre Majestät blieb für Minuten in kompromittierender Haltung gefangen, bis ihre Diener das Haar, und hier schweigt die Überlieferung, entweder entwirrt oder vielleicht sogar abgeschnitten hatten!«

Sie lachten, und die Spannung, die sich wie ein Gummiband zwischen Vita und Virginia geklemmt hatte, ließ ein wenig nach.

»Tatsächlich bin ich auch gefragt worden«, sagte Virginia nun. »Ich sollte eine Passage aus einem meiner Romane dafür auswählen …«

»Ach«, fuhr Vita ihr in die Rede. »Ich habe eigens für den Anlass eine kleine Geschichte verfasst, gerade mal dreitausend Wörter. Und sie eigenhändig in winzig kleiner Schrift auf Seiten von der Größe einer Briefmarke geschrieben.«

»Dreitausend? Das war dann wohl nicht einmal ein ganzes Tagwerk für Sie, Vita.« Diesen kleinen Seitenhieb konnte sie sich nicht verkneifen. Doch er schien Vita nichts auszumachen, und auch Lord Berners sah keinen Grund zum Eingreifen, was vermutlich daran lag, dass er von einem Moment zum anderen immer tiefer in seinen Armsessel gesunken und halb weggenickt war. »Wie auch immer, Sie werden sich denken können, dass uns als Sozialisten und Unterstützer der Labour Party nicht gerade viel an Gefälligkeiten für das Königshaus liegt.«

Das war nicht ganz die Wahrheit, sie selbst wäre nicht unbedingt abgeneigt gewesen, hatte sie doch schon immer eine gewisse Faszination für die Aristokratie gehegt – und dafür viel Spott von ihren Freunden geerntet. Letztlich musste sie nicht ernsthaft abwägen, denn Leonard hätte es niemals zugelassen. Der Gedanke ärgerte sie und ließ sie wieder bissig werden. »Überhaupt sollte doch der Weg zum Erfolg lieber mit guten Texten als mit Auftragsarbeiten geebnet werden, nicht wahr?«

Vita winkte ab und schwenkte unbekümmert ihr Glas. »Ach, mir hat meine Geschichte gefallen, und es macht Spaß, Ideen auszubrüten, auf die man sonst nie gekommen wäre.«

Die gute Vita hatte recht, mit solchem Gleichmut auf ihre Provokation zu reagieren, sie hatte die Böszüngigkeit, in die Virginia heute schon mehrfach abgeglitten war, nicht verdient.

Aber sie ahnte, was dahintersteckte. Schon immer waren Worte ein Schutzwall für sie gewesen, wenn jemand ihr zu nahe zu kommen drohte. Und Vita hatte im letzten Jahr aus ihrer Verehrung für sie kein Hehl gemacht, sie regelrecht angehimmelt. Anfangs hatte ihr das geschmeichelt, gutgetan sogar, hatten sie doch wieder Gedanken geplagt, eine Versagerin zu sein: kränklich, kinderlos, eine Zumutung von einer Ehefrau, künstlerisch auf der Stelle tretend. Doch nachdem Ethel Sands ihr gesteckt hatte, dass Vita eine überzeugte Sapphistin war und womöglich ein Auge auf Virginia geworfen hatte, war sie ihr unheimlich geworden und sie hatte sich lieber zurückgezogen.

Es war schon seltsam. Wie oft plagten sie Ängste, niemand würde sie mögen. Und siehe da, war ganz offensichtlich das Gegenteil der Fall, war es auch nicht gut. Aber nun, womöglich lag es vielmehr daran, dass sie Vita ebenfalls recht anziehend fand. Auch heute, in ihrer Samtjacke und mit dem zerzausten Pagenkopf, sah sie wieder göttlich aus. Das Kribbeln, das sie bei der Berührung ihrer Hände empfunden hatte, war ein Gefühl, dem sie später vielleicht noch nachspüren sollte. Jetzt jedenfalls musste sie unbedingt etwas freundlicher sein. »Worum geht es denn in Ihrer kleinen Geschichte, Vita?«

Sofort kam wieder Leben in sie. Jeder erzählte doch gern von sich und dem, was ihn bewegte. Bevor sie begann, stieß sie Lord

Berners mit dem Ellenbogen an und fragte: »Sind Sie wach?«, worauf dieser die Augen aufriss und verwaschen »Aber ja, aber ja« nuschelte, bevor er das Kinn in eine Hand stützte und angestrengt ins Leere blickte.

Dennoch offenbar zufrieden, wandte Vita sich wieder ihr zu. »Nun, es ist eine Art Märchen für Kinder und handelt, Sie werden es kaum glauben, von einem Gespenst, das in dem opulenten Puppenhaus einer Königin lebt. Es bleibt unklar, ob sie wirklich ein Geist oder ein anderes magisches Wesen ist, aber niemand der zahlreichen Besucher, die täglich einen Shilling zahlen, um das Wunderwerk zu betrachten, hat sie je gesehen. Auch kein Bediensteter, obwohl sie dauernd für Aufregung sorgt, wenn sie über Nacht die Betten zerwühlt, die Möbel verrückt oder den Aufzug benutzt.« Mit glänzenden Augen nahm Vita den letzten Schluck aus ihrem Glas. »Das Besondere an ihr: Sie ist nicht nur in aller Herren Länder herumgekommen, sondern hat auch die Welt der Mythen und Märchen bereist. Und zwar durch Jahrhunderte hindurch, und da sie Mode über alles liebt, passt sie sich stets in Kleidung und Frisur der jeweiligen Epoche an. Im Puppenhaus zum Beispiel trägt sie wie ich einen Pagenschnitt, denn sie ist mitten in unserer Zeit gelandet.«

Virginia beschloss, dem Abend das versöhnlichste aller möglichen Enden zu schenken. »Das klingt allerliebst. Lassen Sie mir den Text doch unbedingt einmal zukommen.«

෪

*Ich finde mich so, so, so schön. […] Wie du sicher erraten hast,
hat mich eine unerklärliche und höchst verachtenswerte
Prüderie (derentwegen ich zehn Jahre lang Monatsbinden aus
Kapokwolle selbst herstellte, statt sie zu kaufen) daran gehindert,
zu einer gepuderten Verkäuferin zu sagen: »Ich bin auch
eine Frau. Auch ich will Puder haben.« Dank dir ist jetzt eine
Hemmung gelöst, ein Heim beschädigt, ein Herz berauscht.*
Virginia an Mary Hutchinson, 15. Februar 1924

*Aber bitte kommen Sie, so schnell Sie können,
und weihen Sie unsere Zimmer für uns ein.*
Virginia an Vita, 11. März 1924

ೞ

26. MAI 1924
TAVISTOCK SQUARE 52, LONDON

In ihrem nagelneuen Kleid stand Virginia am Fenster im dritten Stock und blickte nach draußen, doch in keinem der Passanten konnte sie Vita erkennen, in keinem Automobil das ihre. Gegenüber in dem kleinen Park, in dem sie vorhin, wie jeden Mittag, mit Grizzle eine Runde gegangen war, konnte sie durch die langsam wieder grün werdenden Bäume hindurch Spaziergänger und spielende Kinder sehen, vergnüglich wie Kaninchen und von der Frühlingssonne wie mit frischer Farbe bepinselt.

Alles begann wieder zu blühen, und sie konnte es kaum erwarten, bis Vita endlich sähe, wie auch sie erblüht war. Schließlich waren ihre immer häufiger werdenden Treffen, das konnte sie sich inzwischen eingestehen, der Hauptgrund dafür, dass ihr zum ersten Mal in ihrem Leben plötzlich der Sinn nach Mode, Schminke und Parfüm stand. Weil sie selbst sich nicht in ein Kosmetikgeschäft traute, hatte sie Mary Hutchinson, die Geliebte ihres Schwagers Clive, gebeten, ihr alles zu besorgen.

Und nun, mit Lippenrot und Puder, fühlte sie sich fast wie eine richtige Frau, fand sich selbst wunderschön und Leonard sie folgerichtig widerlich. Er mochte Farbe im Gesicht nicht, und noch weniger mochte er, die Sparsamkeit in Person, dass sie Geld für solche Dinge ausgab.

Vor einigen Jahren hatte er ein System für ihre Finanzen ausgeklügelt: Am Ende jedes Jahres erstellte er aufgrund seiner bisherigen Buchhaltung eine Schätzung aller Ausgaben des kommenden Jahres, die sie gemeinsam betrafen, und legte dabei einen fixen Betrag für Luxusartikel und Kleidung fest. War das folgende Jahr vergangen, wurde ein eventueller Überschuss an Einnahmen zwischen ihnen beiden aufgeteilt.

Mit diesem persönlichen Schatz, wie sie es nannten, auch wenn er meist nicht der Rede wert war, konnte jeder anfangen, was er wollte, und sie hatte nun ebendies gewollt. Der Ärger war Leonard dennoch deutlich anzusehen gewesen. Virginia reckte den Hals. Immer noch keine Vita. Verspätungen waren bei ihr üblich, es konnte wohl noch eine Weile dauern. Sie ließ den Blick unscharf werden und ihre Gedanken abdriften.

London hatte bislang gehalten, was es versprach, der Zauber des Neuanfangs war noch nicht verflogen. Wann immer sie das Haus verließ, war da das Gefühl, auf einen Zauberteppich zu treten und alles erreichen zu können, ohne einen Finger dafür rühren zu müssen. Sie konnte das British Museum erforschen, eine Ausstellung betrachten, einem Drehorgelspieler zuhören oder schlicht die Cheapside entlangspazieren. Vor allem die Abende waren erstaunlich, die großen Alleen, die weißen Portiken und dahinter all das Leben, das darauf wartete, am nächsten Tag wieder hervorzubrodeln. Diese lebendigen Ströme hielten auch sie selbst und ihren Geist in Bewegung, verhinderten, dass er sich wie in der Stille von Richmond und Rodmell in ihr niederließ und begann, sich wie ein Kreisel um sich selbst zu drehen. All das konnte ihre Entwicklung als Schriftstellerin nur vorantreiben.

Vor einer Woche hatte sie einen Vortrag am Girton College in Cambridge zum Thema der modernen Literatur vor den Häretikern gehalten und betont, wie wichtig es für einen Schriftsteller war, mit seinem Schaffen, so wie alles, was sich verändernden Gegebenheiten ausgesetzt war, eine Evolution zu durchlaufen.

Die Avantgarde musste dazu die Hindernisse des Überkommenen aus dem Weg räumen, und das bezog sich nicht nur auf die Einfalt der die Rose preisenden Gedichte, der geschniegelten Romane und dümmlichen Biografien, sondern auch auf Realisten wie Bennett, Galsworthy und Wells. Gerade Letztere warfen mit ihrer vorwiegend – und einstmals angemessenen – äußerlichen Beschreibung des materiellen und sozialen Status ein dunkles Tuch über das, was das eigentliche Ziel der modernen Literatur sein musste: die Entdeckung der Wirklichkeit. Zum Wesen eines Menschen konnte man nur über die Betrachtung seines Inneren vordringen, des unsteten Geistes, der, angeregt durch alles, was er wahrnahm, mal hierhin, mal dorthin sprang. Die Assoziationen waren es, die das, was wirklich von Interesse war, erst enthüllten.

Aber wie ernst nahm sie selbst denn jetzt gerade ihre eigenen Prämissen? In *Jacobs Zimmer* hatte sie angesetzt, dieses Gebiet zu erforschen, und die Facetten des Lebens ihrer Hauptfigur, angelehnt an ihren verstorbenen Bruder Thoby, bis zu deren Tod nicht durch fortlaufende Handlung, sondern durch die Schilderung von Gefühlen und Gedanken in Bildern, kurzen Szenen und vor allem inneren Monologen freigelegt; all das vorwiegend aus der Sicht der Frauen in Jacobs Leben. Damit war sie immerhin so erfolgreich gewesen, dass die Kritik ihr genau dieses Vorgehen angekreidet hatte – woraus letztlich ihr Vortrag resultierte. Doch mit ihrem neuen Roman wollte sie unbedingt noch einen Schritt weiter gehen. Nur, was war mit *Die Stunden*? Seit dem letzten Oktober hatte sie nicht mehr regelmäßig daran gearbeitet. Damals war sie beinahe an der Überlegung verzweifelt, wie sie in diesem Buch die Vergangenheit der Figuren erzählen konnte. So sehr, dass ihr eines Nachts der Gedanke gekommen war, das Buch einfach aufzugeben. Doch wenn etwas lange genug in einem arbeitete, berührte man irgendwann die verborgene Quelle. Nur war ihr, als sie endlich wusste, was zu tun war, das Leben in die Quere gekommen, unzählige Aufgaben, der Umzug, andere Texte.

Aber in diesem Buch, dessen Arbeitstitel sie noch überdenken würde, lagen ihre Hoffnungen verborgen. Schon seit einiger Zeit kreisten ihre Gedanken wieder darum, und sie las momentan alles Bisherige. Sie brauchte unbedingt einen Plan. Nun, wie wäre es damit: vier Monate daran schreiben, alles neu, weniger lyrisch, dafür analytischer und gleichzeitig persönlicher, von Juni bis September, das Manuskript dann ein Vierteljahr ruhen lassen und den Essayband fertigstellen, im neuen Jahr von Januar bis April dann überarbeiten, abtippen und die Fahnen korrigieren. Erscheinungstermin im Mai!

Sie musste über sich lächeln. Doch warum sollte sie sich nicht Großes vornehmen? Im Moment fühlte sie sich stark.

Mit einem tiefen Atemzug tauchte Virginia wieder auf in die Gegenwart, wollte gerade erneut Ausschau nach Vita halten, da klingelte es schon. »Ich gehe selbst, Nelly«, rief sie in Richtung der Küche, wo sie ihr Mädchen mit den Töpfen rumpeln hörte. Beschwingt lief sie zur Tür. Die Hogarth Press hatte Mrs Sackville-West ein Angebot zu machen.

Vitas erster Gedanke, als die Tür sich öffnete: Kusslippen! Sie war überrascht von Virginias Erscheinung, wagte es jedoch nicht, etwas dazu zu sagen. Ob die Aufmachung etwas mit ihr zu tun hatte? Sie neigte zu solch dummen Gedanken. Ähnliches hatte sie sich schon gefragt, als Virginia bei ihrer zweiten Begegnung keine schäbig weißen wollenen Strümpfe mehr trug, sondern orangefarbene aus Seide. Und das war doch schon lange her. Aber dennoch: Wäre es so, es würde ihr gefallen.

Virginia führte sie durch die Wohnräume, die den dritten

und vierten Stock des Hauses einnahmen. Seit ihrem ersten Besuch kurz nach dem Einzug, als alles noch ein einziges Chaos und bestenfalls halb fertig gewesen war – sie hatten gemeinsam mit Leonard im Staub zwischen Kisten, Büchern und einem Wirrwarr aus Stuhlbeinen gepicknickt –, hatte sich viel getan. Die Einrichtung war einfach und zweckmäßig, aber alles stand an seinem Platz. Leider waren inzwischen auch die Wandgemälde und Dekorationen vollständig, die die Woolfs bei Vanessa und Duncan Grant bestellt hatten und die jeden Raum bevölkerten.

Im Salon blieb Virginia mit ihr am Ende ihrer Runde vor drei großformatigen Wandtafeln stehen, tomatenrot gerahmt, die Flächen glänzend weiß mit ovalen Einfassungen in Ahorngelb und Sienarot, auf die die Motive gemalt waren. Ein Krug, ein Klavier, ein undefinierbares Möbelstück, alles in dem zwischen Postimpressionismus und Kubismus schwankenden Stil, den sie so scheußlich fand. Der breite Fries, mit dem die Wand nach oben hin abschloss, war mit einer handgemalten weißgelben Tapete beklebt. Breite Pinselstriche in Violett, die sich spiralförmig in jede denkbare Richtung wanden, machten Vita schaudern. Nein, ihrem Stil entsprach es sehr viel mehr, den Geist vergangener Epochen in den Wohnräumen aufscheinen zu lassen.

Während Virginia noch mit dem Blick zur Wand erklärende Worte über die Kunstwerke verlor, floh Vita lieber in die Erinnerung an ihren ersten Besuch hier. Damals nämlich war sie zum ersten Mal für längere Zeit mit Virginia allein gewesen, nachdem Leonard zum Arbeiten ins Souterrain verschwunden war. Bilder und Gesprächsinhalte von diesen Momenten waren ihr allerdings kaum geblieben, wofür eindeutig die Aufregung anzuklagen war. Noch Stunden später, inzwischen zu Besuch bei *Bonne Maman*, war sie schwindlig gewesen vor lauter Virginia.

In die beglückende Stimmung konnte sie sich aber jederzeit wieder hineinversetzen, denn sie war ihr noch unverfälscht präsent.

»Lassen Sie uns jetzt nach unten gehen«, sagte Virginia schließlich und warf sich eine Strickjacke über. »Ich will Ihnen mein fertiges Arbeitszimmer zeigen. Fertig heißt übrigens so viel wie: Es stehen ein Tisch mit Stuhl, ein Sessel, ein Bett und ein Bücherregal darin, aber bei diesem warmen Wetter ist es herrlich kühl.« Sie streckte noch einmal den Kopf in die Küche, wo das Mädchen mit dem Abwasch beschäftigt war. »Nelly, bringen Sie uns doch in einer halben Stunde den Tee nach unten.«

»Aber ja, Mrs Woolf.«

Nachdem die Küchentür wieder zugeklappt war, schlug Nelly mit der flachen Hand auf das Spülwasser, dass es nur so spritzte. Was war nur aus ihrer freien Zeit am Nachmittag geworden? Wenn sie hier fertig war, musste sie auch noch Mr Woolfs Schuhe putzen! Und immerzu waren jetzt Leute im Haus, Leute, die oft genug kamen, wie es ihnen gefiel, unangekündigt, sodass sie noch einmal in den Laden zum Einholen oder in aller Eile etwas backen musste. Eine feine Idee von der Misses, Lottie mit dem Umzug einfach loszuwerden. Acht Jahre hatte sie in Richmond die Arbeit und ein Zimmer mit ihr geteilt, und jetzt war da nichts mehr als einsame Plackerei und nagende Stille.

Nelly beugte sich tiefer über das Becken, schrubbte verbissen an einer Kruste, die sich nicht aus dem Topf lösen lassen wollte. Plötzlich wuselten ein paar katzengroße Ratten durch ihre Gedanken und heiterten sie auf. Sie schnaubte, dass sich das Spülwasser wellte. Ja, verglichen mit den Zuständen in Monk's House hatte sie hier natürlich das Paradies. Es war an der Zeit, beschloss Nelly, Lottie wieder einmal zu besuchen. Sie mussten unbedingt ein bisschen tratschen.

»Ich wollte es letztens schon fragen«, begann Vita, während

sie die Treppen hinabstiegen. »Ihr Mädchen trägt keine Uniform und nennt Sie Mrs Woolf, nicht gnädige Frau?« Gerade passierten sie die Anwaltskanzlei, die im ersten und zweiten Stock beherbergt war. Die Woolfs hatten sie vom Besitzer als Mieter übernommen, nachdem sie selbst das ganze Haus für zehn Jahre gepachtet hatten. Ein seltsames Arrangement, fand Vita, aber alle Beteiligten schienen damit bestens zurechtzukommen.

»Natürlich, wir sind ein sehr informeller Haushalt«, sagte Virginia, »der beste Ort, an dem ein Dienstmädchen nur sein kann. Nelly hat viele Freiheiten.« Sie blieb mitten auf der Treppe stehen und blickte sich verschwörerisch zu ihr um. »Ich finde den Umgang mit dem Dienstpersonal und seinen Launen mitunter furchtbar anstrengend, und doch ist man für sie verantwortlich. Es ist einfacher jetzt, mit ihr allein. Zu Beginn hat sie sich über die Mehrarbeit beschwert, aber als ich ihr gesagt habe, gut, suchen wir dir einen Platz mit Lottie zusammen, wollte sie doch bleiben.«

»Dann hat sie sich wohl nur aus Übermut beklagt.«

»O ja«, sagte Virginia, drehte sich wieder um und nahm die letzten Stufen. »Dazu neigt sie. Aber über Ostern hat sie sich in unserem Ferienhaus in Rodmell, wo wir unter primitivsten Umständen leben – kein Strom oder Gas, kein fließend Wasser, Plumpsklo im Garten –, heldenhaft geschlagen. Und Lottie konnte ich bei meinem Bruder Adrian und seiner Frau unterbringen, sie können sich also oft besuchen.« Virginia öffnete die schwere Tür, hinter der sich die neue Heimstatt der Hogarth Press verbarg.

Vita hatte erwartet, das Klappern der Druckpresse zu hören, als sie den Keller betraten, aber gedruckt wurde heute offenbar nicht. Die Presse beherrschte den großen Hauptraum allerdings auch so mit ihrer stillen, wuchtigen Präsenz. Im Vorbeigehen strich Vita, sie konnte nicht widerstehen, mit der Hand über das beeindruckende Schwungrad. Ganz sachte nur, als handelte es sich um ein schlafendes Ungeheuer, das jederzeit tödlich zuschnappen konnte.

Leonard, umgeben von Schränken, aus deren teilweise offenen Schubladen Papier quoll, und Regalen, in denen Utensilien lagerten, von denen sie nicht einmal die Hälfte zu benennen wusste, saß an einem Sekretär bei der Erledigung von Papierkram. Er hatte aufgeschaut und offenbar ihre Blicke bemerkt, ihre Gedanken gelesen. Er erhob sich und begrüßte sie. »Kann einem schon Respekt einflößen, nicht wahr?«

»Und ob!«

»Die Minerva haben wir gekauft, als unsere kleine Handpresse nicht mehr ausgereicht hat. In Richmond ließen wir sie zuerst in einer Ecke des Esszimmers aufstellen, doch ein Freund aus der Branche warnte uns, wenn wir sie dort in Gang setzten, bestünde die Gefahr, dass sie durch den Boden bräche und die Köchin erschlüge. Am Ende haben wir dann unten in der Speisekammer gedruckt. Es ist eine Trittpresse, und ich kann Ihnen sagen, wenn Sie das erste Mal vier Stunden ohne Pause treten, dann wissen Sie auch am nächsten Tag noch, was Sie getan haben.«

Vita nickte anerkennend. »Wenn ich mich hier so umsehe … Es muss doch ein ungeheuerliches Unternehmen sein, so einen Verlag aufzuziehen.«

Leonard lachte, aber das Lachen ging nicht über seinen Mund hinaus. Er war ein seltsamer Mann. Sein langes hageres Gesicht hatte, fand Vita, oft etwas erstarrt Maskenhaftes, als litte er Schmerzen. »Das ist es wohl. Nur war uns das nicht bewusst, als wir uns die Schwarze Kunst als Hobby aussuchten.«

Er verschwieg, dass es um viel mehr als eine Freizeitbeschäftigung gegangen war, und er las Virginia an den Augen ab, dass sie ihm dankbar dafür war. Denn damals war es vielmehr der Plan gewesen, Virginias Geist mithilfe einer simplen manuellen Tätigkeit wie dem Setzen oder Buchbinden von ihrer schriftstellerischen Arbeit abzulenken. Leonard kannte niemanden, der so unermüdlich konzentriert und angespannt wie sie an seinen Texten arbeitete. Sie lebte dann in ihren Manuskripten, doch diese ständige Absorption über die reine Schreibzeit hinaus strapazierte ihre Seele aufs Gefährlichste, sodass er oft fürchtete, sie könnte wieder in die vollkommene Dekompensation rutschen. Diese Zeit wollte er wahrlich nicht noch einmal erleben – das wollten sie beide nicht. Und da sie sich beide sowieso für die Herstellung von Büchern interessierten, hatten sie sich schließlich in die Bride Lane, Ecke Fleet Street aufgemacht.

»Gleich zu Beginn wurden wir demoralisiert, indem man uns an der St. Bride's Druckerschule an die traurige Tatsache erinnerte, dass wir als Menschen im zwanzigsten Jahrhundert kleine Rädchen in der Motorik eines anonymen Systems sind, das uns keine Eigenbewegung mehr erlaubt, sondern uns nur noch nach seinen eigenen Regeln in Gang setzt und so jede noch so harmlose Aktion in ein unmögliches Unterfangen verwandelt.«

Hier sprang Virginia ein, um etwas Licht in Leonards Rededunkel zu bringen. »Man teilte uns mit, die Kunst des Druckens dürfe nur von jungen Menschen, von Lehrlingen mit Gewerkschaftszugehörigkeit, erlernt werden. Und selbst da könne nicht kommen, wer wolle, die Zahl der Zulassungen sei begrenzt.«

Leonard verschränkte die Arme. »So war es. Einige Zeit später kamen wir bei einem Nachmittagsspaziergang zum Holborn Viaduct an einem Geschäft vorbei, das sämtliches Zubehör von Druckmaschinen über Lettern und Schließrahmen bis hin zu Winkelhaken verkaufte. Wir beschlossen, uns einfach alles selbst beizubringen. Und schau an, als wir das dem Inhaber gegenüber erwähnten, gab er uns eine sechzehnseitige Broschüre mit und meinte, alles, was wir wissen müssten, stehe darin.«

»Wir stellten die kleine Handpresse, die jetzt drüben um die Ecke steht«, Virginia wies auf einen sich abzweigenden Gang, »auf den Tisch im Esszimmer und legten nach einem Monat des Einlesens und Ausprobierens los.«

Leonard ging zu einem Regal, holte ein dünnes Heftchen heraus und gab es Vita in die Hand. Darauf stand:

TWO STORIES
WRITTEN AND PRINTED
BY
VIRGINIA WOOLF
AND
L. S. WOOLF
HOGARTH PRESS
RICHMOND
1917

»Das Format ist ungewöhnlich, aber blättern Sie es mal durch, für Anfänger sind Satz und Druck schon recht ordentlich. Nur von Satzspiegelanordnung hatten wir damals absolut keine Ahnung.«

Noch bevor Vita zu einer Erwiderung kam, übernahm schon wieder Virginia. »Anfangs haben wir mit Rundschreiben und einem Subskriptionssystem gearbeitet, aber inzwischen verkaufen wir wie jeder normale Verlag mit dem üblichen Rabatt an Buchhändler.«

»Nachdem unsere Erfolge sich als Heilmittel gegen deren Konservativismus herausgestellt haben, wohlgemerkt«, sagte Leonard. »Was wir veröffentlichen, wurde damals – und wird es sicher immer noch – vom literarischen Establishment als absurd betrachtet, es hätte auf dem normalen Markt keine Chance gehabt. Aber genau so wollten wir es. Nur benötigten wir bald Unterstützung, um alles zu bewältigen. Wir stellten jemanden an und gaben den Druck teils außerhalb in Auftrag.«

»Und dann wollten uns auch andere Verlage«, erzählte Virginia die Erfolgsgeschichte weiter. »Heinemann – Ihr Verlag, Vita – bot uns an, alles von der Verwaltung über den Druck bis zum Vertrieb zu übernehmen, die Entscheidung über die herauszubringenden Bücher sollte aber weiter uns obliegen. Doch wir fanden, wir sind eine zu kleine Fliege, als dass wir wirklich sicher in diesem Spinnennetz hätten landen können, und haben lieber jemand Neues eingestellt. Bald bekommen wir nochmals Verstärkung.«

»Wir wollten autonom bleiben«, fiel Leonard wieder ein. »Wir mögen unsere unkonventionellen Buchumschläge.« Die beiden lachten.

Vita war ein wenig sprachlos. Es war erstaunlich, wie Virginia und Leonard sich die Bälle zuwarfen. Ein Satz griff nahtlos in den nächsten. Sie schienen sich blind zu verstehen. Eine Lektion in Verlagswesen hatte sie heute nicht erwartet. Sie fragte sich, was wohl dahintersteckte.

Plötzlich bog aus einem Nebengang eine junge Frau um die Ecke, einen mit verschnürten Paketen voll beladenen Rollwagen vor sich herschiebend.

»Wie aufs Stichwort!« Virginia klatschte in die Hände. »Vita, darf ich Ihnen Marjorie Joad vorstellen? Die Frau ist seit einem Jahr bei uns und vollbringt wahre Wunder hier.«

»Nicht doch, Mrs Woolf«, sagte die Mitarbeiterin, strahlte aber über das ganze Gesicht. »Sehr erfreut, Lady Nicolson. Ich habe gerade die neuesten Bestellungen für die Buchhandlungen verpackt. Aber am liebsten stehe ich an der Presse.« Sie streckte Vita die Hände hin. »Schauen Sie! Die Farbe hat sich eingefressen. Manchmal denke ich schon, ich wäre mit tintenschwarzen Fingern zur Welt gekommen, aber ich liebe es.«

»Ich bin wirklich beeindruckt, dass Sie mit so einem Monstrum umgehen können, Mrs Joad«, sagte Vita.

Marjorie winkte ab. »Ach was, das ist doch nicht schwer.«

»Mitten in der Umbruchzeit des Verlags saßen wir eines Tages im 1917 Club, als der Zufall in Form dieser Frau hereinkam, sich am Nebentisch zu einem Mann setzte und eine Unterhaltung begann, die nicht zu überhören war«, berichtete Virginia und sah Marjorie erwartungsvoll an. Als diese nichts sagte, half sie ihr auf die Sprünge. »Na, erzählen Sie schon!«

»Oh, ach so! Nun, ich beklagte mich bei meiner Begleitung darüber, dass ich das Unterrichten leid sei und Druckerin werden wolle. Alle meinten, es gebe keine weiblichen Drucker, aber nun ja, dann würde ich eben die erste werden. Als ich den Club bald darauf verlassen wollte, wurde ich plötzlich verfolgt.«

»So und nicht anders muss man es wohl nennen«, sagte Virginia. »Ich holte sie an unseren Tisch, und ein paar Tage später kam sie mit ihrem jetzigen Ehemann, damals noch Verlobten, zum Tee, und wir machten Nägel mit Köpfen.«

Marjorie nickte. »Ich habe es nicht bereut.« Sie strich liebevoll über die Pakete. »Nun muss ich mich aber beeilen, diese Schätzchen hier wollen hinaus in die weite Welt!« Sprachs und war auch schon hinaus, gab sich die Klinke mit Nelly in die Hand, die ein Tablett balancierte.

Virginia wies sie an, den Tee in ihr Arbeitszimmer zu bringen. »Kommst du mit uns, Leonard?«

»Besser nicht, ich habe hier noch viel zu tun.«

»Gut, dann kommen Sie, Vita, ich habe Ihnen nämlich etwas

zu sagen.« Aufregung machte sich in Vita breit, als sie sich in Bewegung setzten. Nun wurde es also wirklich spannend.

Auf halbem Weg drehte Virginia sich noch einmal zu Leonard um. »Übrigens, Theodora Bosanquet hat sich gemeldet, ihr Text über James ist fertig. Ich schreibe ihr morgen, dass sie ihr Manuskript gern schicken kann, und frage sie, ob sie mit dem Verkauf der Rechte nach Amerika einverstanden wäre.«

»Sehr gut«, sagte Leonard. »Lass sie aber auch wissen, dass wir nicht vor Herbst veröffentlichen können.«

Bosanquet war in seinen letzten sieben Lebensjahren Henry James' Sekretärin und enge Vertraute gewesen. Ihr kurzes Memoir über sein Umfeld, seine Werke, Ansichten und Vorlieben, aber auch sein Vorgehen beim Schreiben und Überarbeiten würde die Reihe an Essays und Streitschriften in Heftform, die sie in diesem Jahr starten würden, gut ergänzen. Ein Liebhaberprojekt, Geld würde sich mit der Reihe nicht machen lassen, aber es war die ideale Form für kurze Texte über Kunst, Kritik und aktuelle politische und soziale Probleme. Eine Ankurbelung des Umsatzes erwartete er sich stattdessen von dem, was seine Frau und Vita gleich auf der anderen Seite der Tür besprechen würden.

Vita war eine seltsame Frau, die er noch nicht zu fassen bekommen hatte. Die lange Linie hochadeliger Vorfahren hatte Wesenszüge in ihr verankert, die ihm fremd waren, sie kam aus einer gänzlich anderen Welt als sein sonstiger Umgang. Auch heute wirkte sie wieder aristokratisch selbstsicher mit ihrem grellen Hut, an dem die Federn wippten, energisch, wie sie neben Virginia durch den Raum schritt. Sie erinnerte ihn immer an ein Tier auf dem Gipfel seiner Kraft, bebend vor Energie.

Wenn Vita als bereits etablierte und erfolgreiche Schriftstellerin tatsächlich ein Buch für sie schriebe, würde das, da war er sich gewiss, Auftrieb für ihren Verlag bedeuten. Mit Sicherheit war sie dazu in der Lage, einen Bestseller zu schreiben. Sie schien eine zwar sachkundige, aber romantisch naive Autorin mit Erzähltalent und Sympathie für die Tagträume gewöhnlicher Leute zu sein. Damit befanden sich auch schon die wesentlichen Ingredienzien zur Herstellung einer Bestsellerbrühe im Topf. Denn so war es nun einmal: Die meisten zeitgenössischen Bestseller stammten aus der Feder zweitklassiger Autoren. Die ernsten und wirklich genialen Schriftsteller wurden erst mit der Zeit verstanden und damit verkäuflich.

Auf Vitas Zusage wollte er aber nicht bauen. Denn wenn sie erst einmal in ihrem Kreis davon erzählte, dann, das konnte er sich lebhaft vorstellen, würden die meisten ihr nachdrücklich davon abraten, in einem von Amateuren geführten klapprigen, kleinen Verlag zu veröffentlichen, der technisch viel zu stümperhaft ausgerüstet sei, um mit einem Buch fertigzuwerden, das sich wirklich gut verkaufte. *Quod esset demonstrandum.* Er setzte sich wieder an den Sekretär und vertiefte sich in die Buchhaltung.

Vita war überrascht von der Unordnung, die in dem früher als Billardzimmer genutzten, von Oberlichtern erhellten Anbau herrschte. Offenbar diente er nicht nur als Virginias Arbeits- und Schreibzimmer, sondern auch als weiterer Lagerraum. Es gab Stapel von Büchern und Packpapier, in einer Ecke lehnte ein zusammengerollter Teppich, daneben reihten sich ein paar Lampen und anderer Kram, für den wohl nach dem Umzug keine Verwendung mehr gewesen war.

Virginia goss den Tee ein, stellte den Teller mit Gebäck dazu und hieß sie, auf dem einzigen Stuhl im Raum Platz zu nehmen. Sie selbst rückte sich den Sessel, aus dem an einer Stelle schon die Füllung quoll, neben den Tisch. Sie tranken Tee, aßen ein Plätzchen. Erwartungsvolle Stille entstand.

»Die Mandelkekse sind wirklich köstlich«, sagte Vita, als sie es nicht mehr aushielt.

Virginia lächelte, stellte ihre Teetasse ab und beugte sich vor. Ihre Hände waren nur wenige Zentimeter von Vitas Knien entfernt. »Die Hogarth Press möchte Sie heute bangen Herzens fragen, ob auch nur die geringste Chance besteht, dass Sie ihr ein Buch zur Veröffentlichung überlassen.«

Vita verschluckte sich fast. Es gab nichts zu überlegen. »Wirklich? Aber natürlich, nichts lieber als das. Ich freue mich sehr, dass Sie fragen.« Ehe sie darüber nachdenken konnte, was sie da eigentlich tat, hatte sie schon nach Virginias Händen gegriffen und drückte sie. Ein lieblicher Stich fuhr ihr durch den Magen.

Virginia zuckte kurz zurück, blieb aber für einige elektrisierende Sekunden so, bevor sie sich im Sessel zurücklehnte und sich so aus der Berührung löste.

»Das wäre wunderbar, Ihre Popularität würde dem Verlag nämlich sehr auf die Sprünge helfen. Wir zahlen fünfundzwanzig Prozent vom Erlös. Aber vielleicht schlafen Sie noch einmal darüber, denn jetzt kommts: Wir würden das Buch gern schon diesen Herbst herausbringen.«

»Oh. Das ist tatsächlich nicht allzu viel Zeit.«

»Ich komme nur darauf, weil Sie doch sowieso eine solche Schnellschreiberin sind. Wäre es also möglich? Wenn nicht, dann eben später.«

Die raffinierte Virginia wollte sie also mit ihren eigenen Waffen schlagen. Sie musste sich ein Schmunzeln verkneifen. »Na ja, im Juli werde ich mit Harold für einen Wanderurlaub in den Dolomiten sein, aber ich könnte dann auch die Zeit im Hotel nutzen. Bisher jedenfalls hat mir noch niemand einen Handschuh vor die Füße geworfen, den ich nicht aufgehoben hätte.« Sie trank ihren Tee aus und stellte die Tasse zurück aufs Tablett.

»Ehrlich gesagt ist es besser, eine fixe Zeitspanne festzusetzen. Wenn Sie mir sagen, nächsten Monat, dann werde ich Tag und Nacht daran sitzen. Wenn Sie mir sagen, es wäre zu jeder Zeit recht, dann werde ich das Manuskript jeden Tag hervorholen, missmutig begutachten und, gescheitert an dem Anspruch, den ich Ihnen unterstelle, wieder in die Schublade zurücklegen, ohne auch nur ein Wort weitergekommen zu sein.«

Virginia lachte und griff nun ihrerseits nach ihrer Hand. »Dass Ihnen so etwas auch passiert, hätte ich gar nicht gedacht.«

꙰

*Es ist sehr großzügig von Ihnen, uns einen Teil Ihrer Arbeit
zur Verfügung zu stellen, und wir sind alle voller Vorfreude
darauf. Besteht die Möglichkeit, dass wir es im Herbst herausbringen? Aber tun Sie natürlich, was immer Ihnen passt.*
Virginia an Vita, 7. Juni 1924

*Wochenenden sind für Leonard verloren – an ihnen
erledigt er all seine Arbeit, aber wenn Sie mich auch allein
bei sich haben wollen, könnte ich vielleicht statt am
Wochenende für eine Nacht in der Woche kommen, bevor Sie
verreisen? 2., 3., 4. – für mich ginge, was immer Ihnen passt.*
Virginia an Vita, 29. Juni 1924

꙰

4. JULI 1924

KNOLE HOUSE, SEVENOAKS, KENT

Unter klarem Himmel eine sanfte Anhöhe hinauf, mitten durch den scheinbar endlosen Park. Das Damwild hatte sich aus den Tiefen der bewaldeten Areale gewagt und äste sonnenbeschienen im Gras, weit versprenkelt mit in Hunderten von Jahren erworbener Selbstverständlichkeit. Auf einem Plateau ruhte weiter oben Knole, blickte stoisch über den Park, die umgebende Landschaft und die North Downs, ausgestattet wie viele Gebäude mit einer langen Geschichte, mit einer Persönlichkeit und, man musste es in Betracht ziehen, vielleicht auch mit so etwas wie einem Bewusstsein. Und wenn es so wäre, hätte dieses ehemals erzbischöfliche Schloss, das die Geschichtsschreibung seit dem dreizehnten Jahrhundert kannte, ein Kalenderhaus mit dreihundertfünfundsechzig Zimmern, zweiundfünfzig Treppen und sieben Höfen, zu viel gesehen, um dem Rolls-Royce, der sich ihm auf der gewundenen Straße näherte, überhaupt Beachtung zu schenken. Es würde nicht nur dem komplizierten, kaum durchschaubaren Beziehungsgeflecht, das die fünf Personen darin miteinander verband, mit Gleichgültigkeit begegnen, sondern ebenso dem kräftig schlagenden Herzen von mindestens einer dieser Personen, die nicht nur des Ausblicks, sondern vielmehr der kosenden Worte wegen aufgeregt war, die während der gesamten Fahrt unbefangen zwischen der Fahrerin und der Frau neben ihr hin- und hergeflogen waren. Beide Frauen waren so elegant gekleidet und geschmückt, dass sie selbst sich, neben den beiden Männern auf den Rücksitz verbannt, schon wieder schäbig vorkam.

Gestern früh hatte Vita Virginia in London abgeholt, Lady Dorothy Wellesley im Schlepptau. Sie war dieser zarten Frau mit den strahlend blauen Augen und dem durchscheinenden Teint bis zu diesem Zeitpunkt nicht persönlich begegnet, wusste nur, dass sie reich geerbt hatte, dichtete und mit Lord Gerald Wellesley zwei Kinder hatte, seit 1922 aber, so vermutete es die Gerüchteküche wenigstens, von ihm getrennt, jedoch nicht geschieden war.

»Wir kennen uns seit Ewigkeiten«, sagte Vita, als sie die beiden Frauen miteinander bekannt machte. »Stellen Sie sich vor, Dottie hat sogar ihr zweites Kind in unserem Londoner Haus bekommen.«

»Liebenswürdigerweise wurde ich aufgenommen, weil in unserem Haus unter dem Personal die Spanische Grippe ausgebrochen war«, erklärte Dorothy.

»Welch ein Glück, dass Sie und Ihr Kind verschont wurden«, sagte Virginia. Die Erinnerung an die Epidemie, die 1918 über die Welt gekommen war, als wäre der Krieg nicht genug gewesen, versetzte ihr einen Stich, nicht bloß wegen der furchtbaren Zeiten damals, nicht nur der Tatsache wegen, dass sie selbst immer wieder von Influenza geplagt wurde. Es war der Tod der Mutter, der wieder aufschien, denn es war die Grippe gewesen, die sie 1895 aufgrund einer irreparablen Schädigung des Herzens viel zu früh das Leben gekostet hatte. Was für Ängste sie ausgestanden hatte, als auch ihr selbst Herzprobleme diagnostiziert worden waren, nachdem es sie 1922 besonders heftig erwischt hatte! Ein Spezialist gab schließlich Entwarnung, aber sie hatte drei Zähne lassen müssen, die ebenfalls als Ursache unter Verdacht standen.

Während der Fahrt nach Long Barn schimpfte Vita fortwährend auf den Stadtverkehr, bedachte andere Fahrer mit Tiraden, eine Hand vom Lenkrad gelöst und in der Luft herumfuchtelnd, dass ihr beinahe die Klunker von den Fingern rutschten. Übers Land, durch ihr geliebtes Kent, steuerte sie den Wagen zügig, aber sehr viel gelöster und begann Mayfair-Anekdoten zu erzählen. Schnell landete sie bei der amerikanischen Theaterschauspielerin Tallulah Bankhead, die sie kürzlich erst auf einer der verruchten Partys, die in diesen betuchten Kreisen stattfanden, kennengelernt hatte.

»Der Akzent! Aber so schön! Die jungen Mädchen machen einen regelrechten Kult um sie, ahmen ihren Stil nach. Und sie nimmt kein Blatt vor den Mund, absolut mein Geschmack.« Sie wandte sich zu Dorothy und sagte zärtlich: »Du warst doch im Wyndham's auf der Premiere von *The Dancers* im letzten Jahr, *Aprile*. Wie war es?« Vita rollte das R in ihrem Kosenamen für Lady Wellesley so, dass es klang wie der Triller in einem Klavierstück.

Die Lady richtete ihr Haar. »Oh, es war absolut unglaublich. Nach dem letzten Vorhang gab es einen solchen Begeisterungssturm im Publikum, dass mir angst und bange wurde. Gut dreißig Minuten hat er gedauert.«

Vita lachte. »Mir hat sie erzählt, dass sie nach der letzten Szene in ihre Garderobe rannte, überzeugt davon, versagt zu haben. Minutenlang weinte sie wie ein Schlosshund, hielt, was sie hörte, für Buhrufe und wütendes Gebrüll. Bis endlich jemand kam und sie wieder auf die Bühne holte.«

»Die typischen Selbstzweifel des wahren Künstlers«, sagte Virginia.

»Ja«, meinte Dorothy, »da ist wohl auch jemand wie sie nicht vor gefeit.«

»Ich wollte sie zum Lunch einladen«, kam Vita zum Ende ihrer Geschichte. »Mutter hat es mir ausgeredet. Eine derart verdorbene Person dürfe ich nicht ins Haus holen. Nun ja, sie ist bekanntermaßen gut darin, ihren Willen zu bekommen.«

Verständnisvoll legte Dorothy kurz eine Hand auf Vitas Schulter. Die Vertrautheit zwischen den beiden hatte etwas sehr Intimes. Ob Vita wohl sapphische Gelüste in Lady Wellesley geweckt haben mochte? Konnte es sein, dass sie deshalb ihren Ehemann …? Und passte es zeitlich zusammen mit dem, was sonst an Gerüchten über Vita herumging? Sie hatte die Geschichte gehört, dass sie vor Jahren eine solche Leidenschaft für eine Cousine entwickelt habe, dass beide in ein Liebesnest nach Tirol oder in irgendein Gebirge geflohen seien und die beiden Ehemänner, angetrieben von den Müttern, die Verfolgung mit dem Flugzeug aufgenommen und sie zurückgeholt hätten. Nun, wenn sie mit Vita auch einmal eine solche Intimität der Gespräche erreicht hätte, vielleicht würde sie sie danach fragen. Vorerst wunderte sie sich nur über den heißen Klumpen, der sich bei dem Gedanken träge in ihrem Magen wand.

Plötzlich trat Vita so heftig auf die Bremse, dass sie alle einen unfreiwilligen Diener machten. »Erdbeeren!« Sie hatte einen Stand am Straßenrand entdeckt. Ehe Virginia sichs versah, war sie mit Dorothy ausgestiegen und kaufte gleich körbeweise ein, verstaute unter lautem Gekicher mithilfe der Freundin alles im Kofferraum. »So etwas Gutes haben Sie noch nicht gegessen, Virginia, warten Sie's ab! Die Köchin soll sie uns gleich zubereiten, und morgen früh gibts dann Marmelade.«

Baron Sackville hatte Virginia für den nächsten Tag nach Knole eingeladen, doch Vita hatte darauf bestanden, dass Virginia zuvor auf eine Übernachtung mit auf ihren Landwohnsitz Long Barn käme. Auch Leonard wäre geladen gewesen, doch freie Tage waren für ihn zur Unmöglichkeit geworden, zu viel Arbeit stand an.

Vitas Heim erwies sich wie erwartet als opulent, angefangen bei dem formalen Garten rund um das Anwesen, den Vita zusammen mit Harold anzulegen begonnen hatte. Steile Ziegeldächer erhoben sich bis zu den Schornsteinen, im Alter rotbraun geworden, mit Gold besprenkelt, die Traufen breit, Schwalben nisteten in ihnen. Als sie die Terrasse betraten, kam der Hausherr ihnen schon entgegen, in blauer Samtjacke, munter und freundlich wie immer, dabei etwas unbeholfen, ebenfalls wie immer. Neben ihm anwesend und offenbar schon länger zu Gast war Geoffrey Scott. Ihn konnte Virginia als alten Bekannten begrüßen, schon 1909 hatte sie ihn bei Freunden in Florenz kennengelernt, für einen etwas hochmütigen Ästheten angesehen und sonst keinen bleibenden Eindruck von ihm behalten, dessen sie sich hätte erinnern können. Warum er zugegen war, darüber wurde kein Wort verloren.

Innen überall Blumen, Perserteppiche, Silber, italienische Kabinette, Gemälde, Möbel aus jakobinischer Eiche, Wandteppiche, eine Bibliothek. Die Einrichtung atmete Vergangenheit, folgte dem einfachen Instinkt ererbter Tradition, und doch, so ahnte Virginia, resultierte sie auch aus dem Versuch, etwas gegenwärtig zu halten: die Erinnerung an das Schloss, das Vita nach ihrer Hochzeit hatte verlassen müssen.

Die Räume summten geschäftig, es war, als träten sie in ein wogendes, fröhliches Meer mit schön gekräuselten Wellen, als wäre das Leben auf Federn gesetzt. Butler und Dienstboten eilten von hier nach da, Spaniels scharwenzelten herum, und sie lernte Vitas Kinder kennen, den fast zehnjährigen Benedict und den siebenjährigen Nigel, beide entzückend und um die Aufmerksamkeit der Mutter buhlend, jedoch nicht allzu lange. Bald nahm die Kinderfrau sie mit dem Versprechen auf ein Spiel bei der Hand und brachte sie auf ihre Zimmer.

Ihr eigenes Landhaus, ihr eigenes Zimmer gefiel ihr trotz alledem besser, sinnierte Virginia noch, als die Glocke sie zum Essen rief. Long Barn war stattlich, anmutig, aber ohne Sinn für Neues, für Abenteuer. Dazu schien ihr mehr Anstrengung und gleichzeitig mehr Leben in den Räumen von Monk's House zu stecken. Aber vielleicht urteilte sie falsch, vielleicht verlangte ihr Gemüt nur nach dem, was ihm am ähnlichsten war.

Beim Abendessen zeigte Geoffrey sich im Gespräch über das Empire scharfsinnig wie eh und je, doch sein Verhalten konnte sie nicht einordnen. Immer wieder ertappte sie ihn dabei, wie er sie missmutig betrachtete, als hegte er einen Groll gegen sie. Später, als sie auf einen Drink im Long Room saßen, reimte sie sich einen Grund zusammen: Inmitten der Aristokraten waren sie beide nicht mehr als Lumpensammler, und erst durch sie erkannte Geoffrey das, und für einen Mann wie ihn musste es schwer zu ertragen sein. Virginia wusste nicht genau, warum, aber aus irgendeinem Grund hatte sie bald das Ende des Abends herbeigesehnt, die Gespräche an sich vorüberrauschen lassen und war froh gewesen, als sie sich endlich zurückziehen konnte. Vitas Hand auf Dotties Knie war das letzte Bild gewesen, das sie hinter den geschlossenen Lidern gesehen hatte, bevor der Schlaf ihr das Bewusstsein nahm.

Und heute also Knole. Alle waren mitgekommen, würden die nächsten Tage hier verbringen, doch Baron Sackville hatte im Vorhinein eines klargestellt: Er wollte mit Virginia ganz allein speisen. Derlei Exzentrik schien aber niemanden zu wundern. Je näher sie kamen, desto mehr ähnelten die Bauten einem mittelalterlichen Dorf. Graue Türme ragten in die Höhe, die Zinnen hoben sich mit ihrer quadratischen Regelmäßigkeit gegen den Himmel ab, die Strebepfeiler der Zehntscheune aus dem zwölften Jahrhundert ließen an Befestigungsanlagen denken. Keine architektonischen Schnörkel, kein Ornament außer den Leoparden, fast bescheiden, das Braunrot der Dächer kaum verschieden von dem gewöhnlicher Bauernhöfe.

»Es ist genau, wie Sie es beschrieben haben«, sagte Virginia. Kurz nach ihrem Kennenlernen hatte Vita ihr das Buch *Knole and the Sackvilles* geschickt, das sie über ihre Familiengeschichte geschrieben hatte.

»Sie müssten es an klaren Tagen bei Sonnenuntergang sehen«, sagte Vita mit Sehnsucht in der Stimme, »wenn die Silhouette sich tiefschwarz von dem roten Himmel abhebt. Oder in Vollmondnächten, wenn es still und verwunschen dasteht, mit glitzernden Fenstern.«

Sie steuerte den Wagen durch das Torhaus, dessen Flügel für sie geöffnet worden waren, und fanden sich im Green Court wieder, hinter dem der Uhrenturm mit seinem spitzen Dach an die krönende Kirchturmspitze im Zentrum eines Dorfs erinnerte. Noch durch dessen Tor hindurch, dann hielten sie vor dem eigentlichen Palast, sein Kern das um zwei Innenhöfe angelegte Herrenhaus. Als sie ausstiegen, gaben sie damit offenbar, ohne es zu ahnen, ein Signal: Wolfshunde und Dienstboten strömten herbei, die einen, um sie zu begrüßen, die anderen, um das Gepäck zu nehmen und nach ihren Wünschen zu fragen.

»Wenn Sie nur erst die Aussicht zur Gartenseite sehen! Und die Orangerie!« Vitas Wangen waren gerötet wie die eines aufgeregten Kindes, ein Anblick, der warme Zuneigung in Virginias Herz strömen ließ.

»Erst wolltest du sie doch durch das Haus führen«, sagte Harold, und Geoffrey und Dorothy lachten unisono. Auch Virginia bezweifelte, dass sie heute einen wirklich umfassenden Einblick in den vier Hektar großen Gebäudekomplex nehmen konnte, aber sie war bereit, es zu versuchen.

Und auch Vita tat ihr Bestes, unterstützt von Geoffrey, der jedes architektonische Detail, jedes Möbelstück zu benennen wusste, während Harold und Dottie in der Halle zurückblieben, sich neben eine auf dem Bauch auf einer Chaiselongue liegende marmorne Nackte setzten und sich Tee zu ihrer Plauderei bringen ließen.

Schon die Eingangshalle mit dem geschnitzten Lettner samt Sängerempore war wirklich überwältigend gewesen, und nun wanderten sie, von Vitas Ahnen, deren lange Reihe ihren perfekten Körper herangezüchtet hatte, und sämtlicher Aristokratie aus goldumrahmten Gemälden begutachtet, durch scheinbar kilometerlange Galerien. Stuckdecken, Tapisserien, eine gigantische Sammlung mit Möbeln aus der Stuart-Zeit, Überbleibsel der Renaissance, Prunkräume: Nach und nach warfen sie Licht auf die vergangenen Jahrhunderte, und all die Details der seltenen, bisweilen kuriosen Objekte trafen Virginias Hirn wie Geschosse aus Eindrücken, zu viele, um alles gleich zu verarbeiten.

Sie erwähnte es Vita, die ihr vertraulich den Arm geboten hatte, gegenüber nicht, doch wenn die Vergangenheit auch aufschien, so blieb sie doch tot. Die Seile, die die Hälfte der Räume absperrten, gemahnten daran, dass hier zwar alles erhalten aussah, das Leben es aber schon längst verlassen hatte. Seit hundert Jahren hatten keine Gefolgsleute mehr im Großen Saal gespeist, und der Altar, an dem Maria Stuart vor ihrer Hinrichtung gebetet hatte – »Einer unserer Vorfahren überbrachte ihr das Todesurteil«, erzählte Vita beiläufig –, taugte nur noch dazu, dem Besucher eine Gänsehaut über den Rücken zu jagen. Die Accessoires lagen drapiert wie zur Nutzung bereit, verlangten nach ihren Besitzern, doch es lag im Dunklen, wer sich die Haare mit der Bürste gekämmt, wer ein Leiden mithilfe des kleinen silbernen Augenbads kuriert hatte.

Unbestimmte Traurigkeit breitete sich in Virginia aus. Als sie sich allein mit Vita wiederfand – Geoffrey hatte mit einem Mal finster dreingeblickt und den Rückzug angetreten –, wagte sie es, etwas auszusprechen, das ihr im Kopf herumging. »Ich versuche, Sie mir als Kind hier vorzustellen, aber es gelingt mir kaum. Muss es nicht unglaublich kalt und einsam für Sie gewesen sein, kamen Sie sich nicht verloren vor in diesen Weiten?«

Vita bemerkte mit Schrecken, wie ihr angesichts dieser Einfühlung die Tränen in die Augen schießen wollten, und überspielte es rasch, indem sie Virginia so kurz und heftig umarmte, dass diese nicht einmal die Zeit hatte, sich zu versteifen. »Oh, Sie Gute, schauen Sie nur nicht so sorgenvoll, ich hatte eine wunderbare Kindheit hier, bin mit jedem Raum in eine andere Fantasiewelt gereist. Ohne Geschwister war es schon ein bisschen einsam – meine Mutter sagte, sie würde lieber sterben, als noch einmal ein solches Wesen aus sich herauszupressen –, und meine Eltern haben sich nicht sonderlich viel aus mir gemacht, aber ich hatte eine liebe Nanny, und Kinder aus dem Dorf kamen als Spielgefährten, und in meinem Großvater hatte ich einen wunderbaren Verbündeten. Er war ein sehr zurückhaltender, schweigsamer Mann, doch er mochte Kinder und glaubte an Feen, von denen er wundersame Geschichten erzählte. Er schnitzte mir auch welche aus kleinen Holzstücken und richtete mir in seinem Wohnzimmer eine Schublade ein, auf die er mit bunter Kreide ›Dianas Lade‹ schrieb und in der er abends nach dem Essen Leckereien platzierte, die ich mir am nächsten Morgen holen durfte. Außerdem war ich ein Wildfang und draußen bei meinen Hunden und Kaninchen, wann immer möglich.«

Während sie weitergingen, erzählte sie Virginia, wie sie damals auf Bäume geklettert, in halsbrecherischem Tempo mit dem Fahrrad über die Hügel gesaust war, imaginierte Abenteuer erlebend. Stets kam sie vom Toben schmuddelig, oft in zerrissenen Kleidern, nach Hause, weinte Tränen der Wut, als der neue Kaki-Anzug, auf den sie sich so gefreut hatte, mit Rock statt mit Hosen geschneidert worden war.

Sie erzählte Virginia nicht, dass sie sich auch deshalb betont robust und jungenhaft gegeben hatte, um die Abscheu der Mutter wenigstens redlich verdient zu haben. Denn schon immer hatte diese ihr zu verstehen gegeben, dass sie Vitas Magerkeit, ihre langen Beine, das vollkommen glatte, dunkle Haar als Makel betrachtete; und oft behauptete sie, ihren Anblick nicht ertragen zu können, weil sie so hässlich sei.

Sie berichtete lebhaft davon, wie sie ihre Hunde vor einen Karren spannte und mit den Kaninchenjungen spielte, wie sie während des Krieges ein Regiment aus Dorfkindern zusammenstellte und zum Sieg befehligte. Nicht berichtete sie, wie sie ihre Hunde Hetzjagd mit den Kaninchen hatte spielen lassen, wie sie ihre Spielgefährten mit Brennnesseln gepeitscht, an Bäume gefesselt und ihnen Fensterkitt in die Nasen gesteckt hatte, bis niemand mehr freiwillig zu ihrer Gesellschaft heraufkommen wollte.

Sie unterschlug, dass sie einige Male fortzulaufen versucht hatte, aber immer wiedergefunden worden war, um darauf bei ihrer Mutter zu knien, während diese um ein besseres Kind betete. Und sie erzählte nicht, dass sie im Alter von nicht einmal zehn Jahren ihr Testament verfasst hatte.

All das war irrelevant, denn der Grund dafür lag nicht in Knole selbst, sondern in den Menschen. Ihre Eltern hatten sich früh voneinander entfremdet, stritten unentwegt, wenn sie denn miteinander sprachen, pflegten Liebschaften, die ihre Mutter auch ungeniert mit aufs Schloss brachte, immer darauf bedacht, ihren Wohlstand zu mehren. Aber all das Gute wurde dadurch doch nicht weniger wahr. So hielt sie es. Die Räume des Schlosses hatten ihr immer Trost zu spenden vermocht, vielleicht weil sie das Unbelebte mit allem besetzen konnte, was sie sich herbeiwünschte.

Während sie der aufmerksamen Virginia immer noch mit einem Lächeln bewies, wie gut es ihr ergangen war, fiel ihr der ausgestopfte Hund ein, der irgendwann von ihrer Mutter aus seinem Glaskasten in einen Schrank verbannt worden war. Wann immer sie als Kind hatte weinen wollen, war sie zu ihm ins Dunkel geklettert. Mit der Wange an seinem harten, kalten, einstmals doch warmen und weichen Körper waren die Tränen am leichtesten gekommen.

»Lassen Sie uns zurückgehen, ich denke, mein Vater ist jetzt bereit, Sie zu empfangen«, sagte sie schließlich, und ihre Stimme klang nur ein ganz klein wenig belegt.

Doch Virginia hatte den Blick immer noch aufmerksam auf sie gerichtet, nachdenklich. »Ich finde es nett, sich intim zu unterhalten, und heute haben wir einen Anfang gemacht, auch wenn ich glaube, Sie halten noch vieles zurück. Ich spreche recht gern über Privates, besonders in Briefen, aber auch da sind Sie bisher bedauerlich unpersönlich geblieben.«

»Oh«, sagte Vita, von diesem Vorstoß vollkommen überrascht, »das tue ich nicht absichtlich, ich fürchte, es ist wohl meine Art.«

»Mag sein, aber darf ich etwas gestehen?«, fragte Virginia und errötete umgehend. »Ich spüre durchaus eine besondere Intimität zwischen Ihnen und Dorothy, auch zwischen Ihnen und Geoffrey, und ich frage mich, was das wohl bedeuten mag.«

Perplex über diese Hellsichtigkeit begann Vita sofort zu protestieren. »Nichts bedeutet es, meine Liebe, rein gar nichts, außer dass wir uns recht lange kennen.«

Virginia nickte und gab sich zufrieden, und so machten sie sich nun tatsächlich auf den Rückweg und sprachen über anderes. Das wunderbare Geschöpf hatte ja keine Ahnung, in was für eine Misere Vita sich wieder einmal manövriert hatte, und das musste unbedingt so bleiben.

Nach dem Desaster mit Violet, das in einer furchtbaren Enttäuschung geendet hatte, war die Leichtigkeit, die Dottie, ihre *Aprile*, in ihr auslöste, mehr als willkommen gewesen. Harold hatte nach der Krise, die letztlich durch seine Affäre mit einem Mann ausgelöst worden war, ebenfalls keinen Grund mehr zur Sorge. Ihre nun geschlossene Vereinbarung besagte, sich in Liebesdingen jede Freiheit zu lassen, solange sie nicht die Ehe und die wechselseitige Loyalität gefährdete. Und das tat weder Dottie noch Geoffrey, obwohl beide zu Vitas Unmut überstürzt ihre Ehepartner für sie verlassen hatten.

Das mit Geoffrey war letztlich nur eine ihrer typischen, unnötigen Dummheiten. Warum konnte sie nie zufrieden sein, wollte immer neu erobern, neu begehrt werden? Und das, obwohl sie nicht die geringste Lust verspürte, mit ihm zu schlafen.

Kennengelernt hatten sie sich im Herbst 1922 in Florenz, wo er mit seiner Frau in der Villa Medici lebte. Beim Wiedersehen ein Jahr später war der Funke dann übergesprungen, und zurück in England hatte sie sich auf eine leidenschaftliche Briefaffäre eingelassen. Was für ein Schock, als er Anfang des Jahres nach London kam, in vollkommen ernster Absicht, sich von seiner Frau zu trennen und mit ihr zu leben. Sie hatte es ihm auszureden versucht, doch nun war er wieder da, eindeutig eine Last, aber auch ein zu guter Gesprächspartner, um ihm die Wahrheit allzu deutlich mitzuteilen. Dennoch stellte er unzweifelhaft ein Problem dar, das sie besser bald anginge. Ihr war aufgefallen, wie eifersüchtig er Virginia angeschaut hatte, ihm war ihr Interesse also nicht entgangen.

Vita ergriff noch einmal Virginias Arm, lächelte ihr zu, fest entschlossen, den ersten Schritt zu mehr Vertraulichkeit zu tun, bevor sie sie an ihren Vater übergeben musste, hier und jetzt. »Weißt du, was, Virginia? Ich gelobe Besserung. Wenn ich in den Dolomiten bin, werde ich äußerst intime Briefe an dich schreiben.«

ZWEI

Aufrichtig sein: Berührung
(August bis Dezember 1924)

Was ist Liebe? Was Freundschaft?
Was Wahrheit?
Orlando

Aber was mir als Eindruck blieb, ist Vitas Herkunft –
sie und Knole House standen mir vor Augen, als ich mit der
unteren Mittelschicht [im Zug] durch die Slums fuhr.
Da ist Knole, das all die verzweifelten Armen der Judd Street
beherbergen könnte, und doch wohnt darin nur ein einziger Earl.
Virginia in ihrem Tagebuch, 5. Juli 1924

Ich habe meinen eigenen Füller in Lähmung versetzt,
indem ich dir sagte, du schreibest keine intimen Briefe. [...]
Danke, dass ich kommen durfte.
Virginia an Vita, 6. Juli 1924

Ich habe deinen intimen Brief aus den Dolomiten mit Genuss
gelesen. Er hat mir sehr großen Schmerz bereitet – was
zweifellos die erste Stufe der Intimität ist. [...] Aber ich werde
nicht weiterschreiben, sonst wird das hier ein wirklich intimer
Brief, und dann würdest du mich nicht mehr mögen,
weniger, noch weniger mögen, als du es überhaupt tust.
Virginia an Vita, 19. August 1924

Ich habe mir das Hirn darüber zermartert, was an
meinem Brief dir Schmerz bereitet haben könnte. [...]
Meine liebste Virginia (sagte sie und legte die Karten
auf den Tisch), du weißt sehr gut, dass ich dich unheimlich
gern mag, jeder meiner Freunde könnte das bestätigen.
Vita an Virginia, 22. August 1924

30. JULI BIS 15. SEPTEMBER 1924
MONK'S HOUSE, RODMELL,
LEWES, EAST SUSSEX

Von einem beleuchteten Zimmer zum anderen gehen; so funktionierte ihr Gehirn, so funktionierte ihr Schreiben, jeden Morgen. Die Spaziergänge mit Grizzle in den Downs – vorbei an der St. Peter's Church, über Feldwege ins Gelände, an der Ouse entlang, manchmal auch über die Swing Bridge bis auf die andere Seite von Southease – bildeten die Korridore zwischen ihnen. Die Weite der Gras- und Heidelandschaft, von Schafen weiß getupft, und des endlosen Blaus oder Graus darüber ebnete den Weg. Dann essen, mit Leonard und Nelly über Alltägliches sprechen, ruhen, Verlagsaufgaben erledigen, Heu machen oder etwas Gartenarbeit, manchmal Gäste empfangen, handarbeiten – Nessa hatte ihr Stickvorlagen für Stuhlkissen entworfen –, bei alldem nachdenken, bis die nächste Tür sich öffnete, am nächsten Vormittag dann den neuen Raum erkunden.

Obwohl sie es diesmal kaum hatte erwarten können, nach Sussex zu fahren, um in Ruhe an ihren Texten zu arbeiten, überfiel sie zu Beginn doch eine Depression, ein Gefühl, wie wenn alles kurz vor einem Ende stünde. Doch das war nur der Umgewöhnung geschuldet, nach einigen Tagen ging es ihr besser. Nach dem Lärm und der Geschäftigkeit Londons war das Landleben wie ein Konvent: Die Seele tauchte wieder auf ans Licht.

Hinzu kam: Noch in London hatte sie eine schwierige Passage in *Mrs Dalloway* bewältigt, diejenige, in der es um all die

Ärzte ging, die vorgaben zu wissen, wo es noch nichts zu wissen gab – das menschliche Gehirn, das Nervensystem –, die zehntausend im Jahr verdienten und Gleichmaß als Allheilmittel beschworen, Dinge verfügten, Urteile fällten, mit einer Selbstsicherheit, die doch bloß ihre Hilflosigkeit überdecken sollte. Bettruhe musste man halten, ein halbes Jahr lang, keine Reize, keine Freunde, Ruhe, kein Schreiben, kein Lesen, Ruhe! Und bei all dieser Ruhe musste der Kranke sich mästen, schön regelmäßig, und immer die gute Milch dazu! So lähmte der Körper sich bald von ganz allein.

Vielleicht würde es bald bessere Methoden geben, würde sich die Behandlungsform, die Dr. Sigmund Freud entwickelt hatte, als wirklich hilfreich erweisen. Sie selbst war skeptisch, aber die Psychoanalyse war in den vergangenen Jahren oft Thema in ihrem Bloomsbury-Kreis gewesen, von vielen mit Begeisterung aufgenommen worden. Adrian, ihr jüngster Bruder, und seine Frau Karin standen mit Ernest Jones in Kontakt, dachten über eine Ausbildung nach.

Und James Strachey, Lyttons jüngerer Bruder, war schon 1920 mit seiner Frau Alix kurz nach ihrer Heirat nach Wien gezogen, um sich von Freud analysieren zu lassen. Abgemagert und kraftlos – so eine Analyse ging zweifellos an die Substanz – waren sie zehn Monate später zu Besuch gekommen, fest entschlossen, die Ausbildung zu beenden und selbst eine Praxis zu eröffnen. Inzwischen war James Vollmitglied der Britischen Psychoanalytischen Gesellschaft, und Alix machte gerade eine zweite Analyse in Berlin bei Freuds Schüler Karl Abraham.

Vor einigen Monaten hatte James Leonard gefragt, ob die Hogarth Press nicht die Herausgabe der *International Psycho-Analytical Library* für sein Institut übernehmen wolle. Den Beginn würden vier umfangreiche Bände mit Freuds gesammelten Vorlesungen machen, ein gewagtes Unterfangen für ihren kleinen Verlag, aber auch eine Chance, wie Leonard fand, der bereits einige von Freuds Schriften kannte. Alle sagten, die Bücher würden sich allein schon wegen seiner Krebserkrankung verkaufen, des heimlich wohligen Schauders wegen, der den Leuten bei dem Gedanken an die Teilentfernung seines Kiefers, an die Prothese zum Sprechen und Kauen, über den Rücken lief. Möglich, sie selbst zweifelte aber daran, dass irgendein Buch sich gegenwärtig wirklich gut verkaufen konnte, wenn es nicht von Berta Ruck geschrieben war.

Eines jedenfalls stand fest: Sie hatte viel von der Wut, ihre eigene Krankengeschichte betreffend, in ihre zweite Hauptfigur gelegt, die ertragen musste, was sie ertrug, und das hatte an ihr gezehrt, eine Pause nötig gemacht.

Doch auch jetzt, hier, ging ihr zunächst nichts leicht von der Hand, zweihundert Wörter am Tag, mehr konnte sie nicht zustande bringen. Inzwischen war sie bei der Szene angelangt, in der Septimus Warren Smith, der von einem Granatsplitter, Halluzinationen und Schuldgefühlen geplagte Kriegsveteran, sich aus dem Fenster stürzen würde, sein unfähiger Arzt durchaus nicht unschuldig daran.

Auch diese Szene konnte, musste sie mit persönlichen Erinnerungen, äußeren wie inneren, zusammenflechten, sehen, was sich verbinden wollte und was nicht, und den Zopf dann wieder entwirren, neu beginnen. Schon hielt sie sich wieder für eine Versagerin, ertappte sich dabei, wie sie dachte: Es ist egal. Wenn ich selbst nicht schreiben kann, dann bringe ich eben andere dazu. Darin liegt mein Talent, der Verlag beweist es doch, wenigstens ein Geschäft kann ich mir aufbauen.

Es war schmerzhaft, dass die Zweifel sie gleichzeitig mit dem Verlangen bedrängten, alles Tun um das Buch kreisen zu lassen, doch immerhin gewannen sie durch dieses Kräftemessen zweier Ebenbürtiger nie die Oberhand. So entfernte sie sich nie zu weit von dieser Geschichte, zu der ihr die erste Idee vor zwei Jahren gekommen war. Und wie war sie seitdem gewachsen, wie hatte sie sich verändert!

Clarissa Dalloway hätte sich auf dem Papier nach einem Tag voller gedanklicher Lebensbilanz, vom Glockengeläut des Big Ben immer wieder an das Verstreichen der Zeit erinnert, am Abend ihrer Party eigentlich von der Treppe in die Tiefe stürzen sollen, so wie Kitty Maxse es 1922 im wirklichen Leben getan hatte, fünfundfünfzig Jahre alt und vielleicht betrunken, vielleicht von Ohnmacht befallen, sehr wahrscheinlich aber lebensmüde. Es sei fast unmöglich, versehentlich über ein Treppengeländer zu stürzen, so die einhellige Meinung.

Kitty, die Virginia seit Kindesbeinen gekannt, die sich als Tochter der besten Freundin ihrer Mutter nach deren Tod Nessas und ihrer angenommen hatte, sich zwischen sie und die unangemessenen Versuche ihres Halbbruders George, sie beide in die Londoner Gesellschaft einzuführen, gestellt hatte – Ende Juli erst hatte Virginia ihn auf der Beerdigung ihrer Base Katherine wiedergesehen, zitternd wie eine Espe, beinahe zahnlos, wie von vorzeitiger Senilität befallen; und war da nicht ein Hauch von Genugtuung gewesen? Kitty, die ihr im Winter 1917, als ihr und Leonard die Kohlen ausgegangen waren und sie irgendwie übers Wochenende kommen mussten, höchstpersönlich einen Sack voll in einem Taxi vorbeigebracht hatte. Kitty, berühmt für ihre Gesellschaften, Kitty, die Virginia trotz allem nicht hatte leiden können, Kitty, die sich für etwas Besseres gehalten und am Ende von der Treppe aus wohl auf eine Negativbilanz hinabgeblickt hatte.

Doch nun würde Clarissa überleben, weil an ihrer statt Septimus stürzte, seiner literarischen Funktion folgend, Virginias

Hauptfigur symbolisch zu vervollständigen, ihr Pendant darzustellen und so die Aussage, die sie über Clarissa treffen wollte, indirekt zu vermitteln.

Und noch eine andere Änderung hatte sich in das Buch eingeschlichen. Vita, die schon bald zu Besuch kommen und ihr Manuskript abliefern würde, und das, was sie in ihr auslöste, hatte Virginia dazu gebracht, über ihr Verhältnis zu Frauen nachzudenken. Es fiel ihr so viel leichter, sich ihnen nah zu fühlen als einem Mann, denn zwischen ihnen gab es etwas, das es nur zwischen Frauen geben konnte: eine gemeinsame Geschichte, ein Aufwachsen, das nicht selten Ausgeliefertsein bedeutete und sie darum a priori zu Verbündeten machte. Und waren Verbündete nicht die Einzigen, denen man sich öffnen und, nun, vielleicht, hingeben konnte?

Sie hatte sich an Madge Symonds erinnert, die, dreizehn Jahre älter als sie selbst, eine Zeit lang bei ihrer Familie gelebt hatte, als sie ein Kind gewesen war. Madge war so schön gewesen, hochbegabt, schrieb, liebte Kunst und war gleichzeitig so unbekümmert und rebellisch, wie es nur jemand sein konnte, der sehr viel freier als Virginia aufgewachsen war und in den Schweizer Alpen eine gründliche Bildung genossen hatte. Virginia blickte zu ihr auf, und später dann hüpfte ihr Herz bei jedem ihrer seltenen Besuche, befiel sie eine unerklärliche Schüchternheit. Einmal hatte ihre Mutter Madge eine von Virginias Geschichten geschickt, und vor lauter Aufregung allein darüber hatte sie zerbersten mögen, war in einen wilden Tanz verfallen, in ihrer Gegenwart aber schamhaft verstummt.

Nichts jedoch kam gegen diese eine Erinnerung an: Madge war zu Besuch gekommen, Virginia hörte ihre Stimme noch beim Händewaschen oben im Kinderschlafzimmer in Hyde Park Gate. Ein erhabenes Gefühl breitete sich von ihrem Körperzentrum, wo ein Kribbeln als Widerhall zurückblieb, bis in die Fingerspitzen aus, und sie sagte in fast heiliger Ehrfurcht zu sich: »Sie ist wirklich hier, in diesem Augenblick, unter diesem Dach. Sie ist unter diesem Dach!«

Und so erinnerte sich nun auch Clarissa Dalloway zärtlich an eine Jugendliebe, ihre tollkühne Freundin Sally Seton, die Zigarren rauchte und auf der Terrassenbrüstung Fahrrad fuhr, an den unschuldigen Kuss zwischen ihnen, den Zauber des Verliebtseins – und das erhabenste aller Gefühle, in der Hand noch den Heißwasserkrug.

Das alles also wegen Vita, die unbekümmert und wie nebenbei – ja, manchmal bewunderte sie sie insgeheim ein wenig dafür – in zwei Wochen zwanzigtausend Wörter Manuskript herunterschrieb. Abends auf dem Hotelzimmer, nachdem sie tagsüber endlose Meilen in den Dolomiten gewandert und bis zu den Gletschern und dem ewigen Schnee hinaufgeklettert war.

Vita hatte ihr Versprechen gehalten und einen wahrhaft intimen Brief geschrieben, in dem sie ihr blumig versicherte, ihre Augen vor dem Blau der Enziane zu verschließen, ihre Ohren vor dem Rauschen der Flüsse, ihre Nase vor dem Geruch von Kiefern, um sich ganz auf das Buch zu konzentrieren, das sie nur für sie schreiben und ihr auch widmen wolle. Außerdem machte sie einen Vorstoß in Richtung eines gemeinsamen Urlaubs, behauptete, mit niemandem lieber nach Spanien reisen zu wollen als mit ihr.

Virginia fand das schon fast beängstigend intim, doch dann schrieb Vita etwas, zweifellos ebenfalls intim, jedoch gar nicht schmeichelhaft, das ihr die Tränen in die Augen trieb und sie noch tagelang beschäftigte. Wenn sie noch zweifle, ob sie mitkommen wolle, dann solle sie die Reise mit ihr doch einfach als literarischen Stoff sehen, schließlich betrachte sie alles und jeden auf diese Weise, einschließlich menschlicher Beziehungen.

Es sei doch so, dass sie die Menschen eher mit dem Verstand als mit dem Herzen begutachte, nicht wahr?

Es schmerzte, so gespiegelt zu werden, nicht nur weil sie sich missverstanden fühlte, sondern weil sie wusste, dass Vita auf eine bestimmte Weise recht hatte und gleichzeitig doch furchtbar danebenlag. Wusste sie denn nicht, dass sich besonders jene als fühllos zeigten, die besonders viel empfanden, zu viel, und sich nicht bloß und angreifbar machen wollten?

Vita zeigte sich von Virginias Antwortbrief geschockt, verstand nicht, womit sie ihr solchen Schmerz bereitet hatte, sagte dann jedoch viel Schmeichelhaftes. Virginia musste zugeben, genau das hatte sie sich erhofft, und damit ließ sie die Angelegenheit vorerst ruhen. Vielleicht würden sie noch einmal darüber sprechen, wenn Vita zum Übernachtungsbesuch kam. Aber Leonard würde erst am Tag darauf nach Yorkshire aufbrechen, damit bliebe ihnen nur mit Glück ein wenig Zeit allein. War sie froh darüber oder traurig? Warum nur fühlte sich beides in den Eingeweiden so ähnlich an?

*

Zweifellos musste das ganze Dorf in Aufruhr sein, denn soeben war Vita in ihrem neuen blauen Austin hindurchgeglitten, eine Spur aus Souveränität hinter sich herziehend. Kaum dass sie das Geräusch eines anhaltenden Wagens hörte, eilte Virginia mit Leonard hinaus. Doch bis sie beide an die Straße traten, hatte Vita ihr Gepäck schon aus dem Auto gewuchtet und hielt ihnen ein Gesteck aus frischen Blumen entgegen. »Wie froh ich bin, hier zu sein! Und aufgeregt, aber dazu kommen wir später.« Die breite Krempe ihres Huts wippte und warf einen Schatten auf ihr Gesicht, als sie lachte.

»Sehr richtig. Erst einmal essen wir und tratschen.« Virginia verstand sehr gut, warum Vitas Lachen ein klein wenig zittrig klang, auch wenn alles an ihr ansonsten energisch wie immer wirkte. Wie es schien, brachte die Abgabe eines Manuskripts an die Verleger auch eine Adelige ins Wanken. Aber sie sah großartig aus in ihrem geringelt gelben von einem Gürtel zusammengehaltenen Jersey mit einem elegant geschnittenen Rock dazu. Im Licht ihrer Gegenwart wurde Monk's Haus sogleich zur verfallenen Scheune.

»Ach, bevor ich es vergesse!« Mit Schwung warf Vita sich wieder zum Wagen herum und riss die Hintertür auf. »Ich komme direkt von meiner Frau Mutter, und sie hat mir das hier mitgegeben. Ich flehe euch an, nehmt wenigstens eine Schüssel voll davon.«

Auf dem Rücksitz des Austin thronte ein riesiger Spülstein, weit bis über den Rand hinaus türmten sich Feigen darin. »Diesen Anblick hätte ich in Ihrem Wagen wohl als Letztes erwartet«, sagte Leonard.

»Immerhin habe ich eine passende Anekdote dazu«, erwiderte Vita lachend und fing an, ein Säckchen mit den Früchten zu befüllen. »Gestern waren wir in diesem berühmten Feigengarten in Worthing, und *Maman* fragte mich, ob ich nicht ein paar mitnehmen wolle. Als ich bejahte, was machte sie da? Kaufte die gesamte bisherige Ernte auf. Einen Teil hat sie dann doch behalten, aber für den Rest kam ihr der Spülstein, den sie mir schon länger andrehen wollte, sehr gelegen. Ja, so ist sie.«

Virginia nahm Vita dankend den kleinen Sack ab, Leonard nahm die Koffer, und sie gingen hinein. »Ich bin wirklich erleichtert«, sagte Virginia, »dass du dich von der Aussicht auf das kleinste und ungemütlichste Zimmer in ganz Rodmell und das Plumpsklo im Garten nicht hast abschrecken lassen.« Der Geruch nach Sickergrube – zum Glück hatte es in den letzten Tagen kaum geregnet – war ihr vor Gästen immer peinlich, und selbst ein Badezimmer fehlte im Haus. Stattdessen standen Waschschüsseln in den Schlafzimmern, und wenn ein Bad unabdingbar war, wurde eine Zinkwanne hinter einem Vorhang in der Küche aufgestellt und mit heißem Wasser befüllt.

»Von meinen Reisen bin ich hart im Nehmen«, antwortete Vita mit wegwerfender Geste, während sie nun das winzigste aller Zimmer zu dritt betraten und Leonard die Koffer abstellte. »So wie ich es geliebt habe, in einem Schloss zu wohnen, so sehr mag ich es, ab und zu aufs Ursprüngliche zurückgeworfen zu werden.« Sie sah sich um. »Und das hier ist doch wunderbar. Danke, Leonard. Ich packe später aus.«

Beim Lunch – die arme Nelly bekam vor lauter Schüchternheit kaum einen Ton heraus, knickste andauernd und behinderte sich selbst bei der Arbeit – kam sie noch einmal auf das Thema zurück, erzählte mit Fernweh im Blick von dem Urlaub in den Dolomiten. »Direkt vor meinem Hotelfenster ragten zwei Berggipfel von unglaublicher Majestät auf, umarmten uns fast mit ihren Ausläufern, ein Amphitheater aus Bergen.«

»Für mich haben Berge und das Klettern nichts Romantisches«, sagte Virginia. »Ich bin mit Alpenstöcken auf meinem Zimmer aufgewachsen und einer Alpenkarte, auf der alle Gipfel markiert waren, die mein Vater bestiegen hatte. Es wundert darum nicht, dass ich London und Marschlandschaften am liebsten mag.«

Vita nickte, vielleicht aus Verständnis heraus, vielleicht aus Höflichkeit. »Und dennoch ist die Kraft der Natur nirgends so präsent wie im Gebirge. Bei den Touren hatte ich in Momenten großer Anstrengung das Gefühl, aller Intellekt wäre aufgesogen von reiner physischer Energie, purem Wohlbefinden. Und ich bin davon überzeugt, so sollte man sich immer fühlen. Ich spüre noch jetzt die Wehmut, mit der ich vor der Abreise einen letzten Blick auf die jungen Bergsteiger geworfen habe, behangen und bepackt mit Seilen, Eispickeln und Steigeisen. Da war so ein Gefühl, als wenn sie allein verstanden hätten, wie das Leben zu leben ist.« Wie um das zu bestätigen, hatte sich Grizzle an Vita herangerobbt und legte sich leise grunzend auf ihre Füße.

Virginia hingegen hätte ihren Intellekt um nichts in der Welt aufsaugen, ersetzen oder eintauschen lassen wollen, denn erstens war er das höchste Gut, und zweitens, nun ja, was bliebe denn in ihrem Fall sonst noch übrig?

Leonard sah es wenig überraschend genauso. »Ich weiß, was Sie meinen, Vita.« Bedächtig wischte er sich den Mund mit einer Serviette ab. »Während meines Kolonialdienstes in Ceylon, das war, bevor ich Virginia näher kennenlernte, habe ich das naturnahe, einfache Leben ebenfalls schätzen gelernt, doch eher in dem Sinne, dass die Einfachheit dazu gereicht, das Wesentliche, mit dem der Intellekt sich befassen sollte, nicht aus dem Blick zu verlieren. Kein Instinkt ist dem Intellekt überlegen, denn Ersterer folgt vorgegebenen, starren Mustern und kann nicht anders.« Hier traf Virginia sein zärtlicher Blick, worauf ihr Herz ganz unerwartet aufging und ihr die Brust mit Glück weitete. »Wissen Sie, Vita, was Virginias Genie ausmacht? Es ist das Ausbrechen des Geistes aus den gewöhnlichen Denkrastern. Nur so lässt sich der flüchtige Blick auf das Unbegreifliche erhaschen, um mit Sir Thomas Brown zu sprechen.«

»Was für ein schönes Kompliment an Ihre Frau und zweifellos ein wahres«, sagte Vita und stellte ihre leere Tasse ab, offenbar nicht daran interessiert, ihren Standpunkt zu verteidigen.

Aber Leonard war noch nicht fertig. »Außerdem kann jeder ein Barbar sein; es ist leicht, in den Naturzustand zurückzufallen. Demgegenüber erfordert es eine schreckliche Anstrengung, ein zivilisierter Mensch zu bleiben. Das Schleifen des Intellekts ist für die meisten Menschen so schmerzhaft wie der Bohrer eines Zahnarztes.«

»Liebe Güte, Leonard, bei dieser Metapher tut mir gleich der Backenzahn weh.« Sie wollte das Gespräch ein wenig auflockern, denn sie plante, gleich ihr Manuskript aus der Tasche zu holen. Virginia hatte sie schon zuvor einen Teil geschickt, sie glaubte aber nicht, dass Leonard bereits einen Blick hineingeworfen hatte.

Da sie nur ein schwaches Lächeln erntete, entschied sie, noch ein wenig zu warten, und versuchte etwas anderes. »Wenn ich an das Gegenteil eines Tages in der Natur denke, sehe ich den *Ulysses* vor mir. Vor einiger Zeit habe ich versucht, das Buch zu lesen, denn Joyce' Gedichtband *Kammermusik* mochte ich sehr gern, aber ich habe mir wohl nie etwas Anstrengenderes zu Gemüte geführt als diesen Roman. Er gibt vor, natürlich zu sein, erscheint wirr, in Wahrheit ist er mit purem Intellekt konzipiert und komponiert.«

Virginia schnaubte. »Ich persönlich habe mich beim Lesen ziemlich gelangweilt. Es stimmt, das Buch ist wirr, aber es ist auch manieristisch und prätentiös, sehr männlich eitel dabei. Mir fehlte die große Konzeption dahinter, aber ich sehe ein, dass sie bewusst nicht angestrebt wurde, und zweifellos steckt Genie in Joyce, doch beim Lesen fühlte ich mich von Myriaden von Kugeln durchlöchert, aber mich traf keine einzige tödlich direkt ins Gesicht. Und das sollte bei dieser Art von Literatur doch wohl der Fall sein, nicht?«

»Dennoch ist das Buch ein Meilenstein«, sagte Leonard und strich bedächtig seine Serviette glatt. »Es zeigt die Vergeblichkeit aller englischen Stile auf, hat das gesamte neunzehnte Jahrhundert zertrümmert. Doch auch die neue Technik, die Psychologie des Menschen zu zeigen, sein inneres Erleben, hat ihre Grenzen. Ausschweifend zeigt sie mitunter weniger als ein flüchtiger Blick von außen.«

»Ich hörte, das Buch sei beinahe von der Hogarth Press verlegt worden, ist das wahr?«, fragte Vita.

»Das stimmt«, sagte Leonard. »Wir hatten das Manuskript, dieses Stück Dynamit, schon 1918 auf dem Tisch, als es noch nicht fertig war. Und natürlich war es außerordentlich genug, dass wir es bringen wollten, nur hatten wir bei Weitem nicht die Kapazitäten, ein so umfangreiches Werk zu drucken. Also wollten wir eine Druckerei beauftragen, so wie wir es mit allem machten, was unsere Möglichkeiten überstieg. Aber keiner wollte das heiße Eisen anfassen, das Werk sei zu anstößig, mit Sicherheit müssten Verleger und Drucker mit rechtlichen Konsequenzen rechnen. Also wurde nichts daraus.«

»Wie schade«, sagte Vita, »ein kleiner Skandal regt ja immer auch den Umsatz an.« Und weil Leonard tatsächlich ein wenig betrübt wirkte, fügte sie noch hinzu: »Aber lassen Sie uns doch zurück zur Natur kommen. Sie müssen mir nämlich unbedingt Ihren Garten zeigen, er ist Ihnen, wie ich gehört habe, ein ebenso leidenschaftliches Hobby wie mir.«

»Ein bescheidenes Hobby, pflege ich zu sagen.«

Sie beendeten die Mahlzeit und gingen hinaus, und Vita gefiel, was sie sah. Herbstastern, Eisenhut, Fetthenne, Herbstzeitlose, Zinnie, alles stand in augenerfreuender Blüte. Wie ihr eigener, so war auch dieser Garten noch in Entwicklung begriffen, würde im Laufe der Jahre, während seine Besitzer alterten, an Pracht gewinnen. Allein das Gemüse im Gewächshaus machte einen recht welken Eindruck, und einige Salate hatten bereits zu schießen begonnen. »Die Ernte fällt wohl nicht so reich aus dieses Jahr?«

»Im August hat Leonard einen Gärtner entlassen müssen«, sagte Virginia. »Und eben erst einen neuen eingestellt.«

»Er hat nicht nur geschludert, sondern auch gestohlen«, knurrte Leonard.

»Ich fürchte, sie sind alle Diebe. Aber vielleicht macht dieser ja wenigstens seine Arbeit besser.«

Zu guter Letzt zeigte Leonard ihr sein Allerheiligstes in der sonnigsten Ecke des Gewächshauses: seine Kakteensammlung. Zärtlich bestäubte er die stacheligen Asketen mit etwas Wasser.

Kakteen also, dachte Vita. Plötzlich hatte sie das Gefühl, Virginias Mann hätte ihr mit dieser kleinen Vorführung einen tiefen Einblick in seine Seele gewährt. Ob absichtlich oder nicht, sie fühlte sich auf eine seltsame Weise geehrt.

Weiter ging es in den hinteren Teil des Gartens, wo die Woolfs aus einem alten Werkzeugschuppen einen Arbeitsraum mit großen Fenstern für Virginia gemacht hatten, auf den sie sehr stolz zu sein schien, auch wenn ein Teil der Ernte darin lagerte. »Wie du siehst, sind meiner Kreativität hier keine Grenzen gesetzt«, sagte Virginia und wies auf ihren überaus unordentlichen Schreibtisch. Sie lachten.

Auf dem Weg zurück ins Haus entdeckte Vita ein kleines von Steinen eingefasstes Beet, das noch unbepflanzt war. »Da drüben, das wäre doch ein schönes Plätzchen für Krokusse«, sagte sie, ehe sie sichs versah. »Ich habe ganz exquisite und werde Ihnen einen Sack Zwiebeln schicken, wenn ich wieder zurück bin.« Warum preschte sie so vor? Sie wollte doch nicht etwa auch eine Manifestation ihres eigenen Wesens hier in diesem Garten wissen? Glücklicherweise nahmen weder Virginia noch Leonard ihr die Einmischung übel, sie freuten sich.

Vita war erleichtert, als Leonard ankündigte, sich nun ein wenig zurückziehen zu wollen. »Sie wollen sich ja sicher in Ruhe einrichten. Über Ihr Manuskript können wir nach dem Dinner noch ausführlich sprechen.«

Das Buch, das sie *Verführer in Ecuador* genannt hatte, nach der Geschichte, die die zukünftige Ehefrau ihrer Hauptfigur über ihre Schwangerschaft erzählte, war für Vitas Begriffe recht experimentell; ein Versuch über die Natur der Wahrheit: Arthur Lomax, ein typischer Tourist aus England, der auch in Ägypten die Gesellschaft anderer Briten bevorzugte, wurde in seiner Weltsicht durch ein ganz unscheinbares Ereignis erschüttert. Das Aufsetzen einer Sonnenbrille mit blauen Gläsern änderte seine Sicht auf alles, was ihn umgab. Und da er die Welt nun anders sah, traf er eine Reihe folgenschwerer Entscheidungen, die schließlich zu einer Heirat, zu einem Mord, zu seiner Hinrichtung führten.

Was den Stil anging, das Schleifen der Worte, hatte sie sich ihre Gespräche mit Virginia ins Gedächtnis gerufen, in *Jacobs Zimmer* geblättert. Sie wollte vor dem Kreis der Bloomsberries bestehen – so sehr, dass sie die Konditionen selbst ausgehandelt hatte, statt diese ihrem Agenten zu überlassen; sehr zu dessen Verärgerung –, speziell vor Leonard, vor allem aber vor Virginia. Ob dies also wohl eine Geschichte war, die den kostbaren Intellekt der Woolfs zu einem Lächeln verführen konnte? Sie würde es erfahren. Früher oder später.

Virginia wollte sie auf dem Zimmer allein lassen, doch Vita bat sie, ihr beim Auspacken Gesellschaft zu leisten. »Komm, setz dich einfach aufs Bett und unterhalte mich ein wenig.« Sie öffnete den Kosmetikkoffer, der ihre Toilettengegenstände beinhaltete, sämtlich in pures Silber gefasst. Zusammengenommen mochten sie so viel wert sein wie dieses Haus, vielleicht mehr, dachte Virginia.

Haarbürste, Kamm, Handspiegel, Feile, Pinzette und Parfümflakons wurden sorgfältig auf der Kommode platziert, Seifen-

dose, Zahnbürste und, zu Virginias Überraschung, ein Rasierbe-
steck auf dem Waschtisch neben der Schüssel. »Wie geht es denn
mit deinem Buch, meine Liebe, hast du an deinen Plänen vom
Frühjahr festgehalten?«

»Nicht ganz«, sagte Virginia und strich über die Tagesdecke.
»Ich hatte gehofft, diesen Monat fertig zu werden, aber daraus
wird wohl nichts. Zwischendrin komme ich doch immer wieder auf die Essaysammlung zurück, die ebenfalls im nächsten
Jahr erscheinen soll. Dafür muss ich sehr viel lesen, und die Abwechslung hilft. Außerdem hatten wir oft Besuch, was meine
Routine immer wieder unterbrochen hat. Kürzlich war zum Beispiel Dadie Rylands hier, unser neuer Verlagsmitarbeiter. Er war
untröstlich darüber, dich knapp verpasst zu haben.«

»Ach, wir sehen uns bestimmt einmal am Tavistock Square.«
Inzwischen hatte Vita den anderen Koffer geöffnet, nahm nun
Wechselkleidung, seidene Unterröcke und feine Nachthemden
mit Spitze am Dekolleté heraus, sorgsam in Seidenpapier gewi-
ckelt, was zweifellos nicht sie selbst, sondern ihre Zofe erledigt
hatte. Virginia musste an den Unterrock denken, den sie gerade
unter ihrem Hauskleid trug. Die gestopften Stellen brannten
Male auf ihre Haut.

»Weißt du, was?«, sagte sie nun, als dränge sie die Scham zu
anderen Bekenntnissen. »Ich glaube, ich bin ein wenig neidisch
auf dich. Du ringst dir in kürzester Zeit so viele Wörter ab und
bist doch gleichzeitig Abenteurerin, eine *Honourable* in der feinen
Gesellschaft, Gastgeberin, Ehefrau, Mutter. Wie wenig habe ich
von alldem zu bieten? Fast nichts. Deine beiden Jungs sind zau-
berhaft.«

»Ach, Virginia.« Vita schloss den Koffer und schob ihn zu dem
anderen unter das Bett. »Die Leben anderer sehen von außen
betrachtet immer besser, immer makellos aus. In Wahrheit wün-

schen wir uns oft reflexartig bloß das genaue Gegenteil von dem, was wir selbst haben. Das diametral Gegensätzliche als Ahnung all der Möglichkeiten, die zwangsläufig ungelebt bleiben müssen. Das Wichtige ist: Es geht jedem so.« Vita setzte sich neben sie, kam vertraulich nah. »Mal wünsche ich mir, gänzlich frei zu sein von allen Zwängen und in einer Welt zu leben, in der alles möglich ist, mal wünsche ich mir die Geborgenheit eines Heimes, in dem alles in engen und gesellschaftlich konformen Grenzen vor sich geht. Und was meine Kinder betrifft: Sie sind mir lieb, aber ich verbringe wenig Zeit mit ihnen, lese hier vor, tröste da, spiele ein Spiel, aber die Kindermädchen kennen sie genauer als ich, obwohl ich doch einmal alles anders machen wollte mit ihnen. So ist es schon jetzt. Wenn sie erst beide auf dem Internat sind, werden sie kaum noch zu Hause sein.«

Virginia sah auf ihre Hände. »Ich hätte gern Kinder gehabt, so gern. Die Ärzte und Leonard haben entschieden, dass meine Konstitution es nicht zulässt, und ich habe mich damit abgefunden. Die Angst, dass die Krankheit wiederkommt, wiegt auch so schwer genug.«

Vita fasste sie am Arm, ihr mütterlicher Blick tat gut. »Es tut mir leid, Virginia. Das muss sehr hart gewesen sein, und zweifellos ist es das noch.« Die Worte klangen ernst und einfühlsam, und doch schien Vita die gedrückte Stimmung schwer aushalten zu können. Sofort setzte sie wieder ein Lächeln auf. »Erinnere mich daran, dass ich dir die Zeichnung zeige, die Harold von mir als Mutter gemacht hat, wenn du mich das nächste Mal besuchst. Darauf gehe ich nämlich, mit einer Zigarettenspitze im Mund und gefolgt von einem meiner Cocker, wer weiß wohin, in der einen Hand eine Blumenkelle, in der anderen das nackte Baby, unseren ersten Sohn Ben. Allerdings halte ich ihn an den Füßen, und sein Kopf schleift fast über den Boden. Ich war empört, aber Harold fand es unheimlich witzig und hielt daran fest, dass mein Umgang mit dem Kind ähnlich rustikal sei wie der mit Hundewelpen.«

Bei dieser Vorstellung musste Virginia sich nicht allzu sehr mühen, Vita zur Beruhigung ebenfalls ein Lächeln zu schenken, was diese aber offensichtlich nicht ganz überzeugte.

»Also pass auf, Virginia. Weil es ein Unding ist, dass du, zu der ich doch aufsehe, dich so kleinmachst, werde ich mich entgegen meiner Wesensart nicht scheuen, mein Innerstes nach außen zu kehren, um dich vom Gegenteil zu überzeugen: Nimm doch nur meine Ehe mit Harold. Sicher klingeln dir da sowieso schon die Ohren vor lauter Gerüchteküche, stimmts?«

Virginias Wangen wurden heiß, aber sie hatte ganz und gar keine Lust, jetzt einen Rückzieher zu machen. Der Moment, eine Neugier zu stillen, musste genutzt werden. »Nun ja, ich hörte, muss ich gestehen, etwas von sapphischen Vorlieben, einer lieb gewonnenen Cousine und einer Flucht nach Tirol.«

Vitas Überraschung blieb gänzlich unverhohlen. »Das sagen die Leute? Gut, ersetze Cousine durch Freundin und Tirol durch Paris, der Rest stimmt. Ich erzähle dir ein anderes Mal davon. Jedenfalls, und das sage ich dir im Vertrauen, hat auch Harold gewisse Vorlieben, die mit einer Ehe eigentlich nicht vereinbar sind – und ich hatte lange keine Ahnung davon –, aber seit wir uns unsere Freiräume zugestehen, solange sie unsere Verbindung nicht gefährden, sind wir sehr glücklich. Harold ist mein bester Freund, ich vertraue ihm wie niemandem sonst. Er ist der Einzige, der immer nur meine guten Seiten zum Vorschein bringt.«

»Den letzten Punkt verstehe ich, denn ganz so geht es mir mit Leonard auch. Es war keine Liebesheirat, und ich habe nie Leidenschaft für ihn entwickelt, was er auch weiß. Alle fanden, die alte Jungfer müsse endlich heiraten, er hat lange um mich geworben, und ich habe schließlich zugestimmt. Ich mochte seine Selbstlosigkeit, auf ihn kann ich mich immer verlassen. Gleichzeitig ist er in der Lage, Entscheidungen zu treffen, während ich aus dem Abwägen nicht herauskomme. Ich könnte nicht mehr ohne ihn.«

Vita nickte und wandte sich wieder ihrer Wäsche zu. »Und er verehrt dich, das ist nicht zu übersehen.«

Trau dich, Virginia, heraus mit dem, was du eigentlich sagen willst! Sie atmete entschlossen ein. »Und dennoch würde ich gern mehr über diese Freundin und Paris erfahren.«

Vita sah sie an. »Wenn du wüsstest, wie sehr mich das freut, Virginia. Aber dazu braucht es eine Gelegenheit, bei der wir viel Zeit für uns allein haben. Schreib dein Buch rasch fertig und komm mich dann besuchen, ja?« Energisch schloss sie die Schublade der kleinen Wäschekommode. »Von Geoffrey wollte ich dir auch noch erzählen, er ist nämlich rasend eifersüchtig auf alles und jeden, auch auf dich.«

»Auf mich? Aber warum?«, tat Virginia ahnungslos und wartete bang auf die Antwort. Vita setzte sich wieder neben sie.

»Na, weil ich zu viel an dich denke, zu viel über dich rede. Warum ich mich überhaupt auf ihn eingelassen habe, weiß ich selbst nicht recht. Ich habe mich ihm lange nicht hingegeben, aber er ist wahnsinnig verliebt. Männer, die selbst nicht genau wissen, ob sie nicht eigentlich Männer lieben, scheinen sich sehr von mir angezogen zu fühlen.«

Jeder fühlt sich von dir angezogen, es geht gar nicht anders, wollte Virginia sagen, blieb aber stumm.

»Und natürlich hat sein Werben mir geschmeichelt. Aber es war ein Fehler, ihm Hoffnung zu machen, nun werde ich ihn nicht mehr los.« Sie sah Virginia mit Augenaufschlag an. »Als ich einmal später als abgemacht in seiner Londoner Wohnung bei

ihm aufgetaucht bin, weil ich noch bei dir und Leonard vorbei-
geschaut hatte, was er wusste, raste er vor Wut. Er fing sogar an,
mich zu würgen, kam dann aber Gott sei Dank zur Besinnung.«

»Du liebe Güte.«

Vita winkte ab. »Wie du siehst, sind es solche privaten Ärger-
nisse, die mich am meisten beschäftigen. Die Dinge, denen du
nachgehst, sind doch genauso zahlreich und noch viel wichtiger.
Du schreibst nicht nur Bücher, die zweifellos bedächtiger geschrieben werden müssen als meine, sondern auch Artikel und
Rezensionen, und Verlegerin bist du auch noch! Du sprichst mit
Autoren, liest und redigierst Manuskripte, kümmerst dich um
Lizenzen, hilfst beim Setzen und Binden und klapperst mit Leonard die Buchläden ab.« Sie nahm Virginias Hände und hielt sie
beschwörend in den ihren. »Und all das bei deiner anfälligen Gesundheit. Erkenne das doch bitte, meine Liebe. Du bist so viel
stärker, als du denkst.«

So viel Nachdruck machte Virginia sprachlos.

Vita lächelte. »Du kannst mir ruhig glauben.« Sie ließ ihre
Hände los und gab ihr im Aufstehen einen Kuss auf die Stirn.
»Und nun hole ich mein Manuskript, damit ihr über mich rich-
ten könnt.«

Noch lange glomm der Kuss warm auf Virginias Haut.

*

Die flüchtige Durchsicht von Vitas Buch war zufriedenstel-
lend gewesen, und so hatten sie nur noch den weiteren Veröf-
fentlichungsverlauf besprochen und den Abend dann gelöst bei
Vanessa und Duncan in Charleston verbracht. Am nächsten
Morgen brachte Nelly es fertig, sich zu weigern, Vita heißes Wasser auf ihr Zimmer zu bringen. Sie bebte und presste sich die

Hände vor den Mund. »Ich kann nicht! Wenn Sie doch nur keine *Honourable* wäre!«

»Gute Güte, Nelly!« Virginia nahm den Krug und ging selbst. Sie klopfte an und rief durch die Tür. »Ich bringe heißes Wasser. Soll ich es einfach hier abstellen?«

»Unsinn, komm doch rein, Virginia!«

Drinnen saß Vita vor dem Spiegel und kämmte sich das Haar. Sie trug noch ihr Nachthemd, darüber offen einen seidenen Morgenmantel, dessen Enden links und rechts den Stuhl bis zum Boden hinabflossen. Lange schlanke Schenkel zeichneten sich unter dem Stoff des Nachthemds ab. Wenn ich diese Beine und diese Herkunft hätte, dachte Virginia unwillkürlich, ich täte nichts anderes, als den lieben langen Tag damit heroisch durch die Wälder meiner Vorfahren zu schreiten, umringt von einer Meute Jagdhunde. Rasch stellte sie den Krug neben der Schüssel ab. »Guten Morgen, ich hoffe, du hast gut geschlafen.«

»Ganz wunderbar. Danke für das Wasser, ich hätte ja nicht gedacht, dass die Hausherrin selbst es mir bringt.«

»Frag lieber nicht. Frühstück in zwanzig Minuten? Leonard muss um halb elf am Bahnhof sein.«

»Ist gut. Er kann mit mir fahren, ich setze ihn ab.«

Beim Frühstück erzählte Vita von ihrer eigentlichen Leidenschaft, der Lyrik, wollte ihnen unbedingt *The Flaming Terrapin* von Roy Campbell schicken, um ihre Meinung dazu zu hören. Sie selbst plante ein Langgedicht über Knole und seine Ländereien, das wiederum klang wenigstens interessant. Wie ein Wasserfall redete sie, bis sie sich plötzlich an ihrem Ei verschluckte und beinahe erstickte. Leonard sprang auf und klopfte ihr auf den Rücken.

»Um Himmels willen, was machst du denn?« Virginia war so erschrocken, dass sie zitterte.

Nachdem sie wieder zu Atem gekommen war, erklärte Vita: »Mir ist gerade eingefallen, dass ich bei der Überarbeitung vergessen habe, einen Absatz, den ich an einer Stelle herausgenommen hatte, an der geplanten wieder einzusetzen. Er ist zwar recht kurz, aber wenn ihr an eine Stelle kommt, die keinen Sinn ergibt, liegt es daran.«

»Das ist kein Problem«, sagte Leonard. »Sie können ihn dann in der Fahne ändern.«

Vita nickte beruhigt. Ihre Wangen waren von hektischer Röte überzogen, was Virginias Zuneigung für sie überquellen ließ. Bald darauf blies Leonard zum Aufbruch.

Kaum waren die beiden fort, zog Virginia sich auf ihr Zimmer zurück und begann, in dem Manuskript zu lesen, hätte die Lektüre wohl gleich beendet, wäre nicht Clive auf eine Stippvisite vorbeigekommen. Danach war Grizzles Spaziergang an der Reihe, und der Gedanke an das Manuskript ließ sie nicht los, während sie in Gummistiefeln durch Nieselregen und über aufgeweichten Grund stapfte. Sie hegte wirklich echtes Interesse dafür, etwas, das sie überraschte. Noch überraschender der nächste Gedanke: Eigentlich war es die Art Buch, die sie selbst gern geschrieben hätte. Und sie mochte auch die Struktur und den Sinn für feine Details, sodass der Text auch in den Momenten fesselte, in denen nichts geschah.

Nach ihrer Rückkehr las sie den Rest, während sie sich bei einem Tee und in eine Decke gehüllt aufwärmte. Das Innehalten nach der letzten Seite änderte ihr Urteil nicht wesentlich. Ja, der Text überzeugte nicht ganz, könnte geradliniger sein, gestrafft werden. Aber das verdarb ihn nicht. Ja, der Inhalt war nicht immer in die passenden Worte gekleidet, aber der Text war aufrichtig. Und es war gut, dass er uneindeutig blieb, Spielraum für Interpretationen ließ. Offenbar hatte sie Vitas Fähigkeiten doch unterschätzt. Oder war es ihre kindlich verblendete Vernarrtheit, die jetzt ihr Urteil trübte? Nein, für so etwas war sie nicht anfällig. Es war in der Tat interessanter als alles, woran Vita sich sonst versucht hatte. Virginia erkannte ihre eigene Handschrift darin. Vita war es doch wirklich gelungen, einen Schimmer von Kunst zu erhaschen.

Sie erzählte es Leonard, nachdem er heimgekommen war und sie am Abend vor dem Kamin Vitas Feigen aßen. Auch er war erstaunlicherweise sehr eingenommen von Vita, fand sie plötzlich sehr viel weniger kindisch als bisher, ihm gefiel ihr Sinn für Einfachheit und ihr gesunder männlicher Menschenverstand.

»Ich werde das Manuskript aus Neugier überfliegen, aber an deinem Urteil ist kein Zweifel. Morgen schicken wir es in die Druckerei.«

Das machten sie, und beflügelt durch Vitas Anwesenheit, durch ihre Geschichte, setzte sie sich mit neuem Elan an *Mrs Dalloway* und schrieb in einem Rutsch dreihundert Wörter, glücklich. All das sollte Vita wissen, also würde sie ihr später einen Brief schreiben, offiziellen Vorwand genug hatte sie sowieso: Sie musste sie noch um eine Adressliste bitten, damit der Verlag einen Rundbrief zum Erscheinen ihres Buchs herumschicken konnte. Im Geiste rekapitulierte sie immer wieder das vertrauliche Gespräch im Gästezimmer. Vielleicht, dachte sie, könnten sie beide doch wirklich gute Freundinnen werden.

DREI

Wie ein fernes Flackern: Umkreisung
(Januar bis Dezember 1925)

*Eine gewisse Dame, von der es hieß, sie gehe
aus Liebe zu Orlando zugrunde, ergriff
einen Kerzenleuchter und warf ihn zu Boden.*
Orlando

႘

Ich kann nun nicht vor Dezember vorbeischauen [...].
SÜNDEN: 1. Zu sagen, Virginia betrachte ihre Freunde
als literarischen Stoff. 2. Kommen, ohne vorher anzurufen.
Vita an Virginia, 13. November 1924

Wie ich dich um dein Englisch beneide! Wann kommst du her?
Du hast versprochen, im Sommer zu kommen [...].
Vita an Virginia, 26. Mai 1925

Vorgestern waren wir auf einer großen Geburtstags-
und Brautparty in Charleston. Der Lärm
und die Hitze waren so enorm, dass mir nichts anderes
übrig blieb, als ohnmächtig umzufallen.
Virginia an Vita, 24. August 1925

Weißt du, du schaffst so viel. [...] Du liest dicke Manuskripte.
[...] du schreibst Bücher, die neben der Bibel [...] einen
permanenten Platz auf dem Nachttisch verdienen. Du wirfst
ein Licht auf die düstere Landschaft der Times Literary
Supplement. *Du änderst das Leben von Menschen. Du setzt*
Bücher. Du bietest an, die Poesie anderer zu lesen und zu
beurteilen [...], was sehr erhellend ist [...]. Wie machst du das?
Vita an Virginia, 18. September 1925

႙

Manche Menschen waren sehr viel mehr Teil des inneren Lebens als des äußeren, und so schien es auch mit Vita zu sein, denn über Monate ließ das Leben kein Treffen zu, das ein Sichnäherkommen über vertrauliche Gespräche ermöglicht hätte, auch wenn sie sich einige Male, aber nie allein und viel zu kurz, trafen. Der einzige Angriff auf Virginias Tugend hatte am Heiligabend des Vorjahres in einer Flasche Alella, einem köstlichen spanischen Weißwein, bestanden, den Vita bei ihrer Stippvisite mitgebracht hatte. *Verführer in Ecuador* war wie geplant erschienen, die Buchhändler nur in Sorge wegen des Titels, doch es verkaufte sich auch nach Monaten noch gut und hatte erfreuliche Besprechungen erhalten.

Mrs Dalloway war Anfang Oktober bereit zur Überarbeitung gewesen, und diese dauerte bis in den Januar hinein. Das Redigieren war der schwierigste Teil des Schreibprozesses, der deprimierendste. Und wie üblich traf es den Anfang am härtesten: Über mehrere Seiten hinweg konzentrierte sich alles auf das Flugzeug, gut, ja, aber dann nutzte es sich ab, wurde blass. In dieser Zeit mochte sie Leonard nicht glauben, der meinte, es sei ihr bisher bestes Buch, denn musste er so etwas nicht sagen?

Kaum war das Manuskript im Satz, wurde Virginia krank, und auch das war üblich, wenn monatelange Anspannung von ihr abfiel. Kopfschmerzen plagten sie bereits seit Monaten, strahlten von einem oberen Rückenwirbel aus, im Geleit die Furcht vor einem erneuten Ausbruch des Wahnsinns, denn Schmerzen wie diese waren ihm immer vorausgegangen. Doch erst als noch die Influenza hinzukam, musste sie dauerhaft das Bett hüten, quälende Wochen lang. Leonard ließ nur kurze Besuche zu, und Vita kam auf eine schwache Tasse Tee vorbei, wurde zur Schamanin und brachte heilende Kräuter, Balsam für die Seele und köstliche Pfirsiche – das im Januar! –, einmal in Begleitung ihrer ebenso hochadeligen wie hochtragenden und preisgekrönten Spanielhündin Pippin.

»Einen Welpen sollen Sie bekommen, Leonard«, meinte Vita, und später scherzte Virginia mit ihm und Blick auf Grizzle darüber, ob sie einem Hund von und zu Sackville wohl gerecht werden könnten.

Im März drückte ein Brief sie wieder nieder, nachdem sie sich ein wenig aufgerichtet hatte. Gwen Raverat überbrachte ihr die Todesnachricht ihres Mannes. Nach langem, schmerzhaftem Kampf war Virginias guter Freund Jacques, der bis zu seinem Umzug nach Frankreich 1920 als Maler gelegentlicher Gast bei den Bloomsberries gewesen war, schließlich der Multiplen Sklerose erlegen. Zu ihrem Geburtstag im Januar hatte er ihr noch einen wundervollen Strauß Blumen geschickt, doch schon länger hatte er Gwen seine Briefe diktieren müssen. Im letzten Jahr hatten sie in engem Kontakt gestanden, Virginia hatte ihn mit Klatsch und Tratsch und Tiefsinnigem versorgt, um ihn ein wenig aufzuheitern. Und sie hatte ihm einen Abzug der Fahne von *Mrs Dalloway* geschickt; er war und blieb neben Leonard der einzige Mensch, der je etwas von ihr vor Erscheinen lesen durfte. Es tröstete sie, dass er seinen Tod herbeigesehnt hatte, dass seine Schmerzen nun vorbei waren. Erlösung. Und dieser Mann schaffte doch tatsächlich noch ein unglaubliches Kunststück:

Gwen hatte Jacques letzten Brief an sie beigefügt, und was er über das Buch schrieb, schenkte ihr einen der glücklichsten Tage ihres Lebens. Dank ihm begann sie sich zu fragen, ob sie vielleicht wirklich etwas Besonderes geschaffen hatte.

Die Grippe und der Kopfschmerz holten sie immer wieder ein, gleichzeitig brütete sie in Gedanken schon über dem nächsten Buch und beendete zusätzlich die Arbeit an dem Essayband, auch wenn sie mehr und mehr das Gefühl hatte, niemand würde sich dafür interessieren. Nein, in den guten Phasen schonte sie sich nicht, holte sich höllische Rückenschmerzen, während sie im Verlag fluchend Lettern aus ihren Kästen fischte. Das Frühjahrsprogramm beinhaltete mehr Titel als je zuvor, und ihr guter Ehemann hatte dafür drei verschiedene Fonts in fünf verschiedenen Größen vorgesehen. Verzweiflung war nicht weit in diesen Tagen.

Vita schrieb derweil an *The Land*, fing eine Hühnerzucht an, war über Monate nicht auf Long Barn abkömmlich, lud sie ein, aber immer wieder ließ es sich dann doch nicht einrichten. Virginia hätte gern öfter mit ihr telefoniert, doch Vita mochte es nicht gern. Auch ihre Briefantworten ließen elend lang auf sich warten, was Virginia traurig machte.

Für Trübsal blieb glücklicherweise wenig Zeit in den überaus lebendigen Monaten nach dem Erscheinen ihrer beiden Bücher in London. Manchmal wusste sie kaum, wie ihr geschah. *Mrs Dalloway*, erschienen am 14. Mai, war ein Erfolg, ein erster nicht nur bei den Kritikern – diesmal habe sie es geschafft, sie habe das Leben zwischen zwei Buchdeckel gebannt –, sondern auch, was die Verkaufszahlen anging. Dennoch ärgerte sie sich über solche Kritiker, die es für unverständlich hielten, keine Kunst und so weiter. Am ersten Juni waren bereits eintausendsiebzig Exemplare verkauft, so viele wie von *Jacobs Zimmer* in einem Jahr. Die

Essaysammlung *Der gewöhnliche Leser*, die schon einen Monat vorher herausgekommen war, startete sehr langsam, schlug sich vor allem im Feuilleton jedoch überraschend gut.

Und Vita? Die konnte, entgegen ihrer Vermutung, mit *Mrs Dalloway* einiges anfangen, auch wenn ihr *Der gewöhnliche Leser* besser gefiel. Den Roman fand sie verwirrend, aber auch erhellend und vor allem entlarvend, von einer Schönheit, die in seiner Brillanz lag. Doch sie erkannte ihn, was sie selbst anging, als *will-o'-the-wisp*, als Irrlicht, dem nachzujagen für sie gefährlich wäre, könnte sie es doch nie zu fassen kriegen. Der Essayband jedoch sei etwas, das sie immer wieder lesen werde, am besten auswendig können wolle, er sei ihr Ratgeber, Philosoph und Freund.

Das alles brieflich, danach trafen sie für die nächsten Monate zum letzten Mal nur kurz bei einer Feier aufeinander.

Virginia wurde in der Zwischenzeit zum begehrten Gast in sämtlichen Salons, die etwas auf sich hielten. In der Vergangenheit hatte sie von solchen Abenden oft zu viel erwartet, war danach enttäuscht und melancholisch gewesen, doch jetzt amüsierte sie sich, so gut sie konnte. Noch nie – und das hielt sie in ihrem Tagebuch fest, um sich in dunklen Tagen daran erinnern zu können, denn das Gute vergaß sich so leicht – hatte sie sich so bewundert gefühlt.

Ihre Kreativität sprudelte, aber sie wollte dem neuen Buch noch Raum für Entwicklung lassen, nicht vor August damit beginnen. Also schrieb sie stattdessen mehrere Kurzgeschichten und fand eine unerhörte Freude daran. Doch auch der schnöde Alltag forderte weiterhin seinen Raum. Im Verlag warteten neben den aktuell zu bearbeitenden Titeln noch unzählige Manuskripte hoffnungsvoller Autorinnen und Autoren. Sicher zwanzig Dutzend Poeten, ein Mann, der über Geburtenkontrolle schrieb, ein anderer über Religion in Leeds. Und etwas, das sie bisher nur mit spitzen Fingern anfasste: die ganze Gertrude Stein, deren Trick es zu sein schien, ein Wort hundertmal in verschiedenen Zusammenhängen zu wiederholen, bis dessen Kraft schließlich spürbar wurde.

Virginia verpackte Bücher, beschriftete Umschläge für Werbeprospekte mit Adressen. Irgendwann zählte sie sie nicht mehr.

Als Leonard und sie London im August den Rücken kehrten und nach Rodmell fuhren, waren sie beide so ausgelaugt, dass sie am liebsten einfach nur im Garten gesessen und Insekten beobachtet hätten. Doch natürlich folgten ihnen die Telegramme auch hierher, hatten sie etliche Manuskripte zur Durchsicht mitgenommen, kündigte sich immer wieder Besuch an. Im Nachhinein wunderte Virginia sich, dass sie den zwangsläufigen Zusammenbruch nicht hatte kommen sehen. Zu der Geburtstagsfeier ihres Neffen Quentin fuhr sie mit Leonard auf dem Fahrrad nach Charleston, es war ein heißer Tag, viele Leute, und beim Dinner geschah es. Sie wurde ohnmächtig, was für eine Peinlichkeit!

Über Nacht blieben sie in Charleston, wurden mit dem Auto nach Rodmell zurückgebracht. Leonard verfrachtete sie unter strengsten Auflagen ins Bett. Die Kopfschmerzen waren wieder da, dazu gesellte sich Schwindel. Sie hatte Hunger, wollte aber nicht essen. Leonard, der furchtbar in Sorge war – sie sah den Widerschein ihrer schwersten Zeit in seinen Augen, in der Nahrungsverweigerung zum Alltag gehört hatte –, übertrieb seine Fürsorge auf fürchterliche Weise. Nachdem er einen Tag lang erfolglos gewesen war, zwang er sie, eine ganze kalte Ente zu essen, die sie kaum herunterbrachte und die ihr danach wie ein Stein im Magen lag. Zum ersten Mal in ihrem Leben musste sie erbrechen, was für eine Macht des Körpers, was für eine schreckliche Erfahrung des Ausgeliefertseins! Der Tiefpunkt war erreicht.

Sie verbrachte Stunden im Nebel, fantasierte sich Vita herbei, die schon zu lange wieder nicht geschrieben hatte. Als es ihr zwei Tage später ein wenig besser ging, gab sie dem Bedürfnis nach, Vita zu kontaktieren. Sie wollte, dass sie wusste, wie es ihr ging, sie wollte ihr alles erzählen.

Ihre Ohnmacht erwähnte sie nur beiläufig, erging sich ausführlicher in dem Pfad, der sie dorthin geführt hatte, und ließ Vita wissen, dass sie sich zu selten meldete. Das Wichtigste aber, und ihre Kühnheit erstaunte sie: Sie berichtete ihr von der überaus romantischen Vision, der sie sich im Bett liegend ausführlich hingegeben hatte: Vita, wie sie in Kent in einem Bottich splitternackt und braun gebrannt wie ein Satyr den Hopfen stampfte. Wunderschön.

Wie sich in Vitas Brief am nächsten Tag zeigte, hatte auch sie sich in romantischen Vorstellungen ergangen, war am Freitag zuvor, während sie nachts übers Land fuhr, in der Nähe aus und auf einen Hügel gestiegen, um in der Dunkelheit, während zwei ihrer Hunde um sie herumtobten, zu erraten, wo Rodmell war, und sich vorzustellen, wie Virginia dort schlief, nicht ahnend, dass jemand, der sie sehr gern hatte, gerade nach ihr Ausschau hielt.

Wie gut das doch tat, und erstaunlicherweise war die Schelte, die Vita folgen ließ, nicht weniger wohltuend. Warum sie denn ihre wertvollen Energien immer noch in die Manuskripte anderer Leute stecke? Habe Virginia ihr nicht erzählt, sie habe wenigstens sechs Romane im Kopf und würde sich in Rodmell ganz dem Schreiben widmen? Nun sei sie doch dort, doch was sei aus ihren Vorhaben geworden? Wo bleibe die Zeit für sie selbst, Virginia? Einen Satz las sie immer wieder: *Wann immer du dich danach fühlst, lass mich kommen und dich aus Rodmell wegholen.* Wie schön, wenn das ginge, dachte Virginia. Doch es ging nicht. Wochenlang musste sie im Bett bleiben, konnte zwar ein wenig lesen und auch arbeiten, aber keinen Besuch empfangen. Kleinste Aufregungen machten, dass sie in der Nacht Albträume bekam, und Leonard kannte keine Gnade. Natürlich sagte sie ihm nicht, dass sie von Vita sicher nur die schönsten Träume bekommen hätte, von Hummeln und Brotpudding, vielleicht von anderem. Einmal wagte die Gute sich bis ins Dorf, aber nicht einmal zur Tür von Monk's House, einen Rosenstrauß, einen Brief und eine flache Schale, in der sie einen entzückenden Miniaturgarten angelegt hatte, im Gepäck. Stattdessen übergab sie alles einem Jungen und ließ ihn den Boten spielen.

Virginia war zunächst so verärgert, dass Vita nicht wenigstens für zehn Minuten hereingeschaut hatte, denn das hätte sie schon geschafft und auch Leonard dazu erweicht, dass sie ihr am liebsten im Nachthemd hinterhergesprungen wäre. Dann freilich war sie auch gerührt über die Geste, sodass sie ihr im nächsten Brief drohte, sollte sie ihr noch mehr Geschenke machen, werde sie ihr im Gegenzug eine ihrer Handarbeiten zukommen lassen, etwa einen gehäkelten Teewärmer mit aufgestickten Papageien und Tulpen.

So neckten sie einander, wurden immer vertraulicher. Es schien, dass es für sie beide möglich war, einander auch per Brief wieder näherzukommen. Im September schrieben sie sich fast täglich, sprachen über alles und nichts. Eine Zeit lang zweifelte Vita an ihrem Vorhaben eines Langgedichts und kam mit *The Land* kaum weiter.

Virginia gab ihr den Rat, sich mit konkreten Sachverhalten zu beschäftigen, den Vorgängen auf einem Bauernhof im Detail, dem Melken, dem Bestellen der Felder, den Zuständen und der Ernährung im Arbeiterhaus. Etwa so, wie George Crabbe es gehandhabt hatte, den sie, altmodisch, wie ihr Geschmack in Dingen der Poesie war, ausgesprochen gern mochte. Aber bitte keine

Beschreibung von Butterblumen mehr, dem Glanz auf ihrer einen, dem samtenen Matt auf der anderen Seite und dergleichen. Natürlich könne sie auch zu Sonnenuntergängen und derlei kommen, aber sie funktionierten nur auf dem Fundament des echten, spürbaren Lebens. Und sie machte ihr Mut, denn Vita kannte all das doch, besser als etwa Tennyson, der nie mit der Landarbeit in Berührung gekommen war. Von ihren Vorfahren, aus der Beobachtung und weil sie selbst sich doch am wohlsten mit Erde an den Händen fühle. Virginia war sich sicher, sie würde es gut machen.

Vita habe genau das vorgehabt, schrieb sie zurück: *en détail* zu beschreiben, wie und wann Heu gemacht werden musste, wann der Weizen und wann die Bohnen geerntet, wie die Orchideen gegen Wollläuse behandelt werden mussten. Doch ihr sei auf dem Weg das Feuer für die Poesie abhandengekommen. Jetzt, dank Virginia, hätten wieder Funken zu sprühen begonnen und die Flamme neu entfacht. Und ja, das alles sei *crabbish* genug für ihren erklärten Geschmack.

Virginia las noch einmal bei Crabbe nach – den ersten Gedichtband von ihm hatte sie sich von ihrem Taschengeld gekauft, zu einer Zeit, als Vita noch in den Windeln gelegen haben musste – und war überrascht, dass seine Gedichte weniger von Umgebungsbeschreibungen, sondern fast nur von Menschen handelten, während es ihnen dennoch gelang, darüber hinaus und auch im Gegenteil dazu das Bild ganzer Landschaften und der Vorgänge darin zu vermitteln. Wenn Vita es also fertigbrächte, schrieb sie ihr daraufhin, sie, Virginia, von Sternen und der Südsee träumen zu lassen, während sie von Wollläusen schrieb, dann, ja dann genüge sie den Ansprüchen der Poesie.

So flirtete sie weiter. Vita war der Leuchtturm in einer Sturmnacht, fernes Flackern, das vielleicht unerreichbar war. Aber schon das von Herzklopfen begleitete Ausfantasieren bloßer Möglichkeiten machte es erträglicher, dass sie zur Untätigkeit verdammt war.

Als die Chefredakteurin der *Vogue*, Dorothy Todd, und ihre Assistentin Madge Garland an Virginia herantraten und ihr schmackhaft machen wollten, einen Artikel für sie zu schreiben, eine ganze Reihe vielleicht sogar, da konnte nun wiederum sie sich Rat bei Vita holen, die bereits dort veröffentlicht hatte. Von den Bloomsberries war keine befriedigende Antwort auf die Frage zu erwarten, ob das Schreiben für eine Zeitschrift wie die *Vogue* im Gegensatz zu solchen wie der *Literary Supplement* moralisch vertretbar sei. Es war ein triviales Blatt, selbstverständlich war es das, wenn sie auch zunehmend gern einmal hineinblätterte. Es schien ihr, als könnten Menschen beliebig viele Bewusstseinszustände einnehmen, das Partybewusstsein etwa, das sie neuerdings gepflegt hatte. Warum also nicht auch jenes für Kleidung, für Mode? Die verschiedenen Zustände bedingten auch eine Veränderung der Wahrnehmung, ließen Gleichgesinnte einander erkennen und schlossen Fremdkörper aus, wie sie bislang einer gewesen war. Diese Erfahrung hatte sie auf einer Party des Cheffotografen der *Vogue*, Maurice Beck, gemacht. Aber wäre es nicht interessant, wenigstens zeitweise dazuzugehören? Wäre es nicht auch der Zugang zu neuen Räumen für ihr Schreiben?

Vita kannte sich natürlich bestens aus, sprach von dem frischen Wind, den Todd in das Blatt gebracht hatte, seit sie 1922 Chefredakteurin geworden war, von ernsthaften avantgardistischen Absichten, es gehe ihr um mehr als Kleider und Hüte. Modernistische Kunst und Literatur sollten ihren Platz daneben bekommen. Nebenbei sei Todd Sapphistin ohne den Versuch, dies zu verbergen. »Ich wette meinen schönsten Welpen darauf«, erzählte sie bei einem ihrer seltenen Telefonate, »dass zwischen ihr und Madge Garland etwas läuft.«

Vor allem aber bestärkte sie Virginia darin, ihre Kräfte auf das nächste Buch zu konzentrieren, mühte sich, ihre eigene Betriebsamkeit, die doch überwiegend aus Trivialem bestand – Handwerker beauftragen, Blumenzwiebeln pflanzen, mit einem Sohn Tennis spielen, dem anderen den Keuchhusten erträglich machen, nach den Tieren sehen, irgendwann dazwischen fünf Zeilen am Gedicht schreiben –, gegen Virginias angebliche fokussierte Willensstärke abzugrenzen, die sie vom Krankenbett aus schreiben, Manuskripte sichten und über Essays für die *Vogue* nachdenken ließ.

Virginia glaubte diese Aufheiterungsversuche als wohlmeinende Illusionen zu entlarven, doch sie brauchte sie in diesen Zeiten, in denen sie in Wahrheit nichts vollbrachte, außer im Bett zu liegen, Milch zu trinken und sich ab und zu herumzurollen. Was, bitte schön, hatte sie in der Zeit in Rodmell denn erreicht? Kaum ein Wort geschrieben, massenhaft Schund gelesen und Vita nicht getroffen. Immerhin, Ende September ging es ihr langsam besser, und so kehrte sie Anfang Oktober in guter Stimmung mit Leonard nach London zurück.

Doch zu früh gefreut: wieder ein Zusammenbruch. Selbst geringe körperliche Anstrengung schien noch zu viel zu sein, und gepaart mit der Aufregung im Geiste, die mit einem Ortswechsel einherging, bekam sie einen ordentlichen Denkzettel verpasst. Die Ärztin verordnete wenig überraschend wieder strengste Bettruhe, auch an Schreiben dürfe sie in den nächsten Wochen nicht denken. Und bei allem Unglück war dies bei Weitem noch nicht die schlimmste Nachricht, die Virginia nun erhielt.

Vita kleidete ihre Mitteilung Mitte Oktober in zwei Briefe und viele beiläufige Worte, als hätte sie sie schonen wollen, aber sie erhielt beide gleichzeitig. Beim Lesen, im Bett aufgesetzt und an ein Kissen gelehnt, begannen ihre Hände zu zittern, dann wich alle Kraft aus ihnen. Wie tote Vögel fielen sie auf die Bettdecke, zwischen sich den Briefbogen. Harold war an die Botschaft nach Teheran versetzt worden, und Vita würde ihn begleiten. Doch für wie lange? Nicht etwa für immer?

Persien sehen, das war etwas, auf das sich mit ein wenig Neid blicken ließ und das schließlich mit Wohlwollen gegönnt werden konnte, aber Vita nicht mehr sehen, vielleicht *nie mehr* wiedersehen? Das bedeutete pure Verzweiflung, die sie einen brieflichen Schwanengesang verfassen ließ, in dem sie Vita all das fragte und sie eindringlich bat, sie zu besuchen; ein Besucher am Tag, eine halbe oder eine Stunde lang, sei inzwischen kein Problem mehr.

Und Vita kam.

*

»Ich kann dich ganz beruhigen, meine Liebe.« Vita zog nicht einmal den schweren Mantel aus, bevor sie Virginia zur Begrüßung umarmte, eine Wolke Chanel N°5 mit sich führend. »Fünf Jahre sind wohl vorgesehen, aber ich habe wirklich kein Interesse daran, dauerhaft die Diplomatengattin zu geben.« Sie löste sich von ihr und ließ sich von Nelly aus dem Mantel helfen. »Harold fährt schon im November, aber ich werde erst im Januar nachreisen und schon im Mai wiederkommen. Dann verbringe ich den Sommer hier, bleibe bis Oktober. In den nächsten Jahren werde ich kommen und gehen wie die Jahreszeiten. Harold ist darüber nicht glücklich, aber er nimmt Rücksicht. Er wäre wohl gern nach Peking gegangen, aber er wusste, dass ich mit einem Posten in Persien noch am ehesten leben kann.«

Für Vita schien die Sache damit erledigt. Als sie sich zum Tee setzten, ging sie nach der Frage, wo Leonard sei – unten im Verlag –, sogleich zu zwanglosem Plaudern über. »Du müsstest

Harolds Gepäck mal sehen! Ausgerüstet für alle Extreme, Tropenhelme neben Pelzmänteln, Eiskufen neben Kaki-Shorts.« Lächelnd nahm sie ein Stück Gebäck, als ob nichts wäre. »Ich stelle mir vor, wie Harold von der Wüste zu den Bergpässen aufsteigt und alle paar Hundert Meter ein zusätzliches Kleidungsstück anlegt.«

Virginia rang mit sich. Nein, sie wollte nicht in dieses Geplänkel einfallen. Aber sie wusste auch nicht, wie sie anfangen sollte. Vita allerdings hatte ein neues Thema parat.

»Übrigens hat es mir wehgetan zu lesen, wie du über dich selbst schreibst. Du hättest nichts erreicht und so weiter. Es ist furchtbar, dass dir sechs fruchtbare Wochen durch Krankheit gestohlen wurden, aber das ist doch etwas, für das du nichts kannst. Du darfst nicht so …«

»Und mir tut es weh, dass du fortgehst, Vita«, platzte es plötzlich aus ihr heraus. »Ich werde dich schrecklich vermissen. Wir sind uns doch gerade so nah.«

Überrascht stellte Vita ihre Teetasse ab und suchte nach Worten. »Ach, du. Es tut mir so leid, dass ich dir zumuten muss, einer fernen, abwesenden Freundin zu schreiben. Ich weiß, auch Briefe fühlen sich aus großer Entfernung anders an.«

»So ist es!« Sie klang weniger bestimmt, dafür trotziger, als sie es beabsichtigt hatte.

Vita griff nach ihrer Hand. »Es wird bitter sein, uns nur auf dem Papier begegnen zu können, aber es wird mir so eine Freude machen, dir immerhin zu schreiben.«

Die aufsteigenden Tränen bekam Virginia in den Griff, indem sie Vita brüsk die Hand entzog. So leicht würde sie sie nicht davonkommen lassen. »Vita, was ist das mit uns beiden? Was empfindest du, wenn du an mich denkst? Was empfindest du für *mich*?«

Vita sah sie an, lange, nestelte an ihren Perlen, ließ den Blick aus dem Fenster schweifen. Ein verborgener Kampf fand ohne Zweifel in ihr statt. Schließlich fand sie ihre Sprache zurück. »Du weißt, wie sehr ich dich bewundere, ich habe es dir schon oft gesagt. Ich hege unendliche Wertschätzung für dich.«

»Wertschätzung?« Virginia spuckte das Wort aus wie einen Stachel. »Was für ein verdammt kaltes Wort aus dem Mund einer der schönsten und hochherzigsten Frauen, die ich kenne. Und was für ein leidenschaftsloses Wort aus dem Mund einer angeblich unwiderstehlich verführerischen Sapphistin.«

»Virginia!« Vita schlug beide Hände vors Gesicht. »Ich bitte dich, du darfst dich doch nicht so aufregen.«

»Du bist es, die mich aufregt. Aber ich akzeptiere es, anspruchsloser Spaniel, der ich bin.« Sie bemühte sich um Fassung, lehnte sich im Stuhl zurück und faltete die Hände.

Vita schüttelte den Kopf. »Wie grausam du sein kannst.«

»O nein, nicht grausam. Aber ich habe mindestens zehn Jahre mehr an Enttäuschungen erlebt als du. Mein Vertrauen in die Menschen habe ich schon früh verloren, vielleicht erzähle ich dir auch einmal, warum. In mir ist eine Distanz, die immer wachsam ist, arglistig. Die ständig Ausschau hält nach Schwindlern. Die mir sagt, öffne dich nicht, gib dich nicht her, denn das ist das Zeichen für sie, ihre wahre Natur zu offenbaren.« Jetzt löste sich doch eine Träne, bahnte sich einen langsamen Weg die Wange hinunter, von Vita schreckstarr beobachtet. »Dir vertraue ich. Und ich brauche unbedingt die Wahrheit von dir.«

Vita presste die Lippen zusammen, stand dann auf und stellte sich ans Fenster. Ihrem Rücken war anzusehen, dass sie wieder innere Kämpfe ausfocht. Auch Virginia erhob sich, wollte zu ihr gehen. Sie hatte den halben Weg überbrückt, da drehte Vita sich um.

»Also gut. Ich sagte *Wertschätzung*, aber ich meinte ... Was ich meinte, war *Liebe*.« Wie von selbst gingen sich die letzten Schritte, fanden sich ihre Hände und verschränkten sich ineinander. »Aber ich hatte Angst, brüskiert zu werden. Du bist doch manchmal so.« Sie schnaubte, es klang wie ein in einem Lachen verstecktes Weinen. »Und ich habe Angst vor den Konsequenzen. Ich bringe die Leben anderer Leute durcheinander, sagt Harold. Auf die schlechte Art. Aber ich will, dass es dir gut geht.«

Virginia sah sie an. »Es geht mir gut. Jetzt. Über die Konsequenzen müssen wir einstweilen nicht nachdenken. Ich bin einfach nur froh, die Wahrheit zu wissen.«

»Wie du siehst, musst du nur ein bisschen streng mit mir sein, um sie zu erfahren.«

Oder krank, dachte Virginia. Denn das war es; war vielleicht das Einzige, wozu Krankheiten gut waren: Sie lockerten die Erde um die Wurzeln, um das verborgen Gehaltene, bereiteten den Boden für Veränderung und das Hervorbrechen von Gefühlen.

Sie umarmten einander, und Vitas warmer Atem hinterließ ein Prickeln auf ihrer Haut, das auch nicht verging, als sie hörte, wie Leonard zur Wohnungstür hereinkam.

*

Wenn kleine Kinder weinten, wussten sie oft nicht zu sagen, warum. Aber wer sagte, dass es nicht auch erwachsenen Frauen so gehen konnte, dreiundvierzigjährigen Frauen, mittags an einem kalten, aber sonnigen 7. Dezember, der ein geschäftiger Montag hätte werden können? Schließlich hatte sie ihre Kraft fast zurück, konnte lesen, ein wenig schreiben, Konversation machen und kleine Spaziergänge wagen. Aber stattdessen hatte Melancholie ihr die Pranke wieder auf die Stirn gedrückt. Sie wollte es wegweinen, dieses Leben voller Kummer, wie es ebenjene Kinder taten, saß am Tisch, vor sich ihr Tagebuch, und wollte den Kopf darauflegen wie auf ein weiches, tröstendes Kissen.

Mindestens ein Teil der Schuld traf Vita, diese Teufelin. Kein Brief kam mehr, kein Besuch wurde abgestattet – dabei war sie letzte Woche in der Nähe gewesen! –, keine Einladung mehr nach Long Barn ausgesprochen. Virginia schämte sich, deswegen zu weinen. So kurz vor Weihnachten, die baldige Abreise nach Persien vor Augen, würde Vita genügend gute Gründe für diese Vernachlässigung haben. Aber was, wenn sie sie einfach nicht mehr wollte, wenn sie ihr zu aufdringlich erschienen war oder zu mitleiderregend? Wenn das, was sie ihr zuletzt über ihre Gefühle gesagt hatte, nicht die Wahrheit gewesen war, sondern erst das die Lüge?

Vielleicht war aber auch das Gegenteil der Fall. Vielleicht nahm sie ihr übel, dass sie sich bis jetzt nicht hatte entschließen können, die Einladung anzunehmen, ein paar Nächte bei Vita zu verbringen? Dabei wollte sie es unbedingt!

Das Schlimmste war: Wenn sie sich vor Vitas Abreise nicht mehr treffen würden, sondern erst wieder in einem halben Jahr, dann wäre bis dahin das erregende Stadium zwischenmenschlicher Intimität, wie sie es zuletzt erreicht hatten, vorbei und unwiederbringlich verloren. Sie aber wollte doch zu gern sehen, wohin das alles noch führen konnte. Die Fähigkeit des Lebens, Menschen voneinander zu trennen, war grausam.

Sie weinte eine Weile, schrieb den längsten Tagebucheintrag seit Ewigkeiten und machte sich dann auf die Suche nach Leonard, um die Liste für die Weihnachtsgeschenke mit ihm durchzugehen. Sie musste nur den Klängen Beethovens folgen, die aus ihrem neuen Grammofon ertönten.

Leonard sah am Tisch im Salon von seiner Zeitung auf, als sie eintrat, sah ihre verweinten Augen und wurde sofort wachsam. »Was ist los, kleiner Mandrill? Sag dem Mungo, was dich traurig gemacht hat.« Ihre Kosenamen füreinander waren für Briefe und Situationen wie diese reserviert, und sie verfehlten ihre Wirkung nicht. Sie ging zu ihm, er hielt geduldig ihre Hand, während sie erzählte, und bildete dann sogleich ein Gegengewicht. Ihre Sorge, Vita könnte sie nicht mehr mögen, nicht mehr haben wollen – zu Besuch auf Long Barn, den Rest konnte sie ihm nicht sagen –, hielt er für Humbug. »Sie hat dich schon so oft eingeladen. Du musst nicht darauf warten, dass sie es noch einmal tut. Himmel, Virginia, schreib ihr einfach, dass du kommen willst. Dann hast du Gewissheit.«

Doch nein, sie wollte sich nicht aufdrängen, keine Zurückweisung riskieren. Oder doch? Niemals! Aber vielleicht … Zwei Tage rang sie mit sich, dann schrieb sie mit bangem Herzen einen kurzen, schüchternen Brief. Ob Vita vielleicht wolle, dass sie noch vor Weihnachten für einen oder zwei Tage käme? Nur für den Fall, dass es für solche Pläne noch nicht zu spät sei, wovon sie natürlich schon ausgehe …

Als dann wenig später die Post kam und aufklärte, warum Vita Tage zuvor nicht wie verabredet gekommen war – es hatte rein gar nichts mit Virginia zu tun –, ging es ihr schon viel besser.

Und was für ein Jubel erst, als Vita am nächsten Tag umgehend reagierte und sogar anrief. Natürlich sollte sie kommen, liebend gern!

VIER

Eine Liebe für sich allein: Befreiung
(17. bis 19. Dezember 1925)

[...] und eingewickelt in einen großen Pelzmantel,
nahm Orlando sie in seine Arme, und jetzt,
zum ersten Mal, [...] erfuhr er die Wonnen der Liebe.
Orlando

Es wird bezaubernd werden – das ist so schrecklich nett von dir.
Wäre der Dienstagnachmittag dir recht?
Soll ich bis Freitag oder Samstag bleiben?
Soll Leonard kommen und mich abholen?
Stört es dich, wenn ich nur ein einziges Nachthemd mitbringe?
Wäre es lästig, wenn ich im Bett frühstücke?
Was deine Geheimnisse betrifft, so lasse ich sie ruhen, bis ich dich
sehe und sie mit Muße untersuchen kann.
Virginia an Vita, 10. Dezember 1925

Ja, du kannst im Bett frühstücken, zu Mittag und zu Abend
essen, wenn dir danach ist. Ja, bring ein Nachthemd mit. […]
Ich werde sehr gut auf dich achtgeben […].
Vita an Virginia, 15. Dezember 1925

17. BIS 19. DEZEMBER
LONDON UND LONG BARN,
SEVENOAKS, KENT

»Und bitte, sieh es endlich ein!«, rief Vita Geoffrey Scott hinterher, den sie soeben an seiner Londoner Wohnung abgesetzt hatte. Doch er winkte nur ab, ohne sich noch einmal umzudrehen, wieder einmal tödlich beleidigt, ohne etwas daraus zu lernen.

Seinetwegen hatte sie Virginia vertrösten, ja anlügen müssen. Zwei Tage zuvor, am Dienstag, war er plötzlich auf Long Barn aufgetaucht, einem Nervenzusammenbruch nahe: nur eine Aussprache noch, nur eine! Und wie immer, wenn er einmal den Fuß in der Tür hatte, wurde man ihn so leicht nicht mehr los. Also hatte sie Virginias Besuch um einen Tag nach hinten legen müssen und ein krankes Dienstmädchen als Begründung vorgeschoben. Es ärgerte sie, dass sie sich von Geoffrey zum Lügen veranlasst fühlte. Wenn Virginia wüsste, dass er auch in der romantischen Nacht, in der sie von den Hügeln aus auf Rodmell geblickt hatte, bei ihr gewesen war!

Leises Winseln ertönte aus der Kiste auf dem Rücksitz. Ihr Lieblingswelpe vermisste seine Mutter. »Ruhig, Sweetie, bald ist alles gut.« Sie fuhr weiter zum Bahnhof Waterloo, wo sich die Kiste mitsamt dem Welpen auf den Weg zu seinen neuen Besitzern nach Winchester machte. Unterwegs hielt sie noch am Außenministerium und gab die gesammelten Briefe der letzten Tage in die Diplomatenpost. Nun waren alle Pflichten für die nächsten

Tage erledigt und der Weg für ihr Wochenende mit Virginia frei. Bis Sonntag würde sie bleiben, Leonard wollte sich am Samstagnachmittag zu ihnen gesellen.

Sie wusste wirklich noch nicht, was sie von Virginias Vorstoß im November halten sollte. Sie ahnte, worauf alles hinauslaufen würde, und es war nicht etwa so, dass sie das nicht wollte, aber sie sorgte sich auch wegen Virginias Konstitution. Sie konnte und wollte mit ihr nicht umgehen, wie sie es bisweilen mit ihren anderen Liebschaften tat, wenn ihre dunkle Seite zum Vorschein kam. Es stimmte, dass sie Virginia liebte, aber nicht auf die lüsterne Art, und sie war sich mehr als unklar darüber, ob es gut sein würde, diesen Weg überhaupt erst einzuschlagen. Sie würde sich zurückhalten, das hatte sie sich geschworen.

Und doch, als sie Virginia dick eingepackt an der Straße stehen sah, neben sich Leonard, vor sich ihr Gepäck, mit vom Wind oder von der Aufregung geröteten Wangen, da machte ihr Herz einen Hüpfer. Mit Schwung stieg sie aus. »Na, ist die Dame bereit für einen Ausflug?«

Virginia lachte nervös. »Bereit, wenn Sie es sind, Lady Nicolson.«

Leonard half ihr dabei, das Gepäck einzuladen, während Virginia sich schon in den Wagen setzte. Verschwörerisch drückte er ihr einen Zettel in die Hand und entfernte sich ohne ein Wort, um sich von Virginia zu verabschieden. Irritiert entfaltete sie den Zettel. Es schien, als hätte die Unsicherheit über ein aushäusiges Wochenende seiner Frau Leonard zum Scherzen veranlasst. »Liebe Vita«, schrieb er, »in der Anlage füge ich Virginia bei. Hoffentlich wird sie sich anständig benehmen.« Darauf folgte die Bitte, sie eisern und keine Minute später als dreiundzwanzig Uhr ins Bett zu schicken. Auch Unterhaltungen sollten nicht zu lange dauern.

Zu schade, dass ihm kein Kind vergönnt gewesen war, dachte Vita. Leonard hatte neben seiner kargen Seite etwas wirklich Mütterliches an sich. Bevor sie losfuhren, gab sie ihm durch ein unmerkliches Nicken zu verstehen, dass sie verstanden hatte und seiner Bitte Folge leisten würde.

Auf Long Barn angekommen, half sie Virginia zunächst dabei, sich auf ihrem Zimmer einzurichten, dann gingen sie hinunter, denn es war schon beinahe Zeit fürs Dinner. Auf der Treppe turnten Ben und Nigel unbeaufsichtigt herum, da ihr Kindermädchen anscheinend in der Küche etwas wegen ihres Essens besprach; beide Jungen ganz offensichtlich neugierig, was ihren Gast anging.

»Dich hab ich schon mal hier gesehen«, plapperte Nigel und griff nach Virginias Rock.

»Nicht doch, das gehört sich nicht!« Vita riss seine Hand vom Stoff los, woraufhin er die Unterlippe vorschob, als würde er gleich zu weinen beginnen.

»Aber nein, das ist doch nicht schlimm«, sagte Virginia und setzte sich auf die Stufen. »Du hast wirklich ein gutes Gedächtnis, Nigel, es ist nämlich schon lange her, dass ich hier war. Und was du für ein schönes Hemd anhast!«

Sofort war Nigel getröstet und zeigte Virginia sein Handgelenk, damit sie die schönen Manschettenknöpfe bewundern konnte, was sie auch tat. Wo blieb nur die Kinderfrau? »So, Kinder, nun lasst meinem Gast seine Ruhe und geht auf eure Zimmer!«

Tadelnd hielt Virginia einen Zeigefinger in die Höhe, bewegte ihn zur Freude der Kinder sehr langsam von links nach rechts, von rechts nach links. »Aber, liebe Vita, siehst du denn nicht, dass ich mich mit deinen Kindern unterhalte? Stör uns bitte nicht.« Sprach's und unterhielt sich ungerührt weiter, fragte Ben nach seinem Lieblingsfach in der Schule und schließlich beide, ob sie sich denn schon auf Weihnachten freuten.

Vita musste daran denken, was sie vor wenigen Stunden noch über Leonard gedacht hatte. Ganz offensichtlich galt das Gleiche für Virginia. Sie hätte eine wundervolle Mutter abgegeben. Nun erinnerte sie sich auch wieder an das Gespräch über Kinder in Monk's House. Es war nicht nur so dahingesagt gewesen. Was für eine Schande, dass das Leben den beiden dieses Glück versagt hatte.

Nach dem Dinner traten die Kinder nicht mehr in Erscheinung, dafür sorgte Vita trotzdem. Sie verfrachtete Virginia mit einer Decke auf das Sofa im großen Wohnzimmer vor dem Kamin, und sie verbrachten einen ruhigen, friedlichen Abend ohne irgendein Thema, das zur Aufregung gereicht hätte. Der Tag hatte Virginia erschöpft, das sah sie deutlich. Zu Bett ging es darum auch tatsächlich pünktlich, Leonard wäre stolz auf sie gewesen. Vita schrieb danach noch einen Brief an Harold, in dem sie ihrem lieben Hadji versprach, dass sich weder sie in Virginia oder in Leonard noch Leonard oder Virginia sich in sie noch überhaupt irgendjemand sich in irgendwen verlieben würde. Aber sie fürchtete, er würde genau wissen, wie diese überschwängliche Beteuerung zu verstehen war.

*

Als Virginia am nächsten Morgen aufwachte, fühlte sie sich so wohl, dass sie zwar wie angekündigt im Bett frühstückte, aber nicht wie gewünscht bis zum Mittag im Bett blieb.

»Wenn das so ist«, meinte Vita, »können wir auch etwas unternehmen, wenn du magst. Sollen wir nach Sevenoaks fahren? Ich wollte sowieso ein paar Kleinigkeiten und Stinte besorgen, sie haben ein exquisites Fischgeschäft dort.«

»Aber gern!«

Der Wind schnitt ihnen ins Gesicht, als sie an der außergewöhnlich breiten Hauptstraße des Städtchens aus dem Wagen stiegen, aber es war trocken, und die Sonne blitzte ab und an zwischen den Wolken hervor. Sie bummelten tratschend an Schaufenstern vorbei, verbrachten beinahe eine Stunde stöbernd in einem Stoffgeschäft, ohne etwas zu kaufen, wärmten sich an einer heißen Schokolade und drangen schließlich bis in die kleinen Gassen vor.

»Schau da, der Spielzeugladen!« Vita wies auf ein unscheinbares kleines Geschäft. »Dort hinein bin ich geflohen, als ich mit sechs einmal dem Kindermädchen entwischt war. Mit Geld von meinem Postsparkonto habe ich mir einen Ball und einen Ballon gekauft. Zur Strafe musste ich wieder oben im Speisezimmer mit meinen Eltern statt beim Personal essen. Reispudding, pfui!«

Aus einem plötzlichen Impuls heraus – dem Gedanken daran, wie kühl Vita gestern gegenüber ihren Söhnen gewesen war – nahm Virginia sie bei der Hand und zog sie mit sich.

»He, was hast du vor?«

»Ballons kaufen und deine Erinnerung aufleben lassen!«

Es stellte sich allerdings heraus, dass inzwischen die Tochter der ehemaligen Inhaberin hinter dem Verkaufstresen stand. Virginia erwarb ein Kartenspiel und eine Tüte Ballons für Vitas Jungen – »Aber nein, das ist doch nicht nötig«, protestierte Vita vergeblich – und zwei bereits aufgeblasene an einem Stöckchen. Einen reichte sie Vita. »Jetzt hält jede von uns Ausschau nach einem Kind, das aussieht, als könnte es eine Aufheiterung brauchen, und schenkt ihm den Ballon.«

»Du kannst ja richtig übermütig sein, so kenne ich dich gar nicht!«

Virginia lachte und wirbelte die Ballons herum. »Dann habe ich wohl tatsächlich mehr als nur eine Facette.«

Schnell waren kleine Abnehmer für die Ballons gefunden, und da die Kälte inzwischen unerbittlich an ihnen nagte, schlugen sie nun den Weg zum Fischgeschäft ein, um dann den Nachhauseweg anzutreten. Beide blieben sie vor dem Schaufenster wie angewurzelt stehen.

»Liebe Güte«, sagte Vita.

Auf einer großen Marmorplatte, auf Berge von Eis gebettet, lag ein Tümmler, die Haut glänzend, als wäre er gerade erst aus dem Meer gezogen worden.

»Auf eine seltsame Art obszön«, meinte Virginia.

»Und doch wunderschön.«

»Ja, das auch.«

Sie betrachteten das Tier eine Weile, dann rissen sie sich von dem unwirklichen Anblick los und gingen hinein. Während Vita bestellte, sah Virginia sich ein wenig im Laden um. Waren es nicht oft die gewöhnlichen Momente, die das Ungewöhnlichste zum Vorschein brachten? Und so geschah es, dass ihr genau hier, in diesem ordinären Fischladen, so widersinnig es auch sein mochte, eine Vision von Vitas traubenreifer Pracht geschenkt wurde.

Es war der Augenblick, als die Wolkendecke aufriss, die Sonne in den Laden fiel und Vita zum Glühen brachte, wie sie da stand, im offenen Mantel mit ihrem langen rosa Jersey und den herrlichen Beinen in weißen Strümpfen darunter, der Perlenkette und der wie im Kerzenschein rosig glimmenden Haut. Überirdisch schön – nicht von dieser Welt. Ihre Erotik lag in ihrer bebenden Vitalität, sie war eine gespannte Feder, ein Schiff, das in voller Fahrt durch die Fluten glitt, während sie selbst bloß einem in Binnengewässern herumschippernden Kahn glich.

Was für Gedanken einem durch den Kopf gehen konnten, während man nach außen hin mit strenger Miene die Auslagen studierte! Auch wenn es genügend Spiritisten gab, die die Unglücklichen und Verzweifelten das Gegenteil glauben machen wollten: Niemand erhaschte wirklich jemals eine echte Ahnung davon, was in den Köpfen anderer vorging. Und das war ganz sicher gut so. Virginia atmete durch, Vita nahm ihr Fischpaket entgegen, und über die Vision legte sich ein Schleier, der alles wieder in gewöhnlichem Licht erscheinen ließ.

Doch heute hatte sie, dachte Virginia auf dem Weg zum Auto, wieder einen Moment gesammelt, der nicht vergehen würde, dessen sie sich immer wieder erinnern konnte und es auch tun würde, das wusste sie schon jetzt. Und war er nicht noch mehr als das? Ein Hinweis, eine Mahnung? Lass diese kostbaren Tage nicht so vorübergehen, Virginia!

Ja. Heute Abend musste etwas geschehen.

*

Nach dem Lunch machte Virginia ein kleines Nickerchen, dann verbrachten sie ein paar ruhige Stunden im Salon, wo sie auch den Tee einnahmen. Während Vita ihren täglichen Brief an Harold schrieb und sich um weitere Korrespondenz kümmerte, las Virginia, was es von *The Land* bisher zu lesen gab.

»Es ist dichter, genauer beobachtet und nachgefühlt als alles, was ich bisher von dir gelesen habe«, sagte sie nach der letzten Seite. Vitas Mund öffnete sich zu einem vorsichtigen, beinahe skeptischen Lächeln. »Wirklich. Es wird wunderbar.«

»Meinst du?« Vita legte den Füller beiseite und stützte den Kopf in die Hände. »Na ja, noch ist es nicht fertig.«

Sie plauderten noch ein wenig über die Unterschiede zwischen Prosa und Poesie, bevor sie zum Abendessen gingen, doch Virginia war nicht mit der üblichen Emphase bei der Sache. Beim Dinner brachte sie kaum einen Bissen hinunter. Das Gefühl in ihr, der Aufruhr in den Eingeweiden, glich ängstlicher Sorge, war aber alles andere als unangenehm, weil er aus einer gegensätzlichen Quelle entsprang. In Gedanken versuchte sie, den weiteren Verlauf des Abends zu antizipieren, überlegte, was sie wann sagen wollte, spielte Varianten durch, bezog mögliche Reaktionen mit ein.

Am Ende war es Vitas Voraussicht, die ihr zu Hilfe kam. Sie hatte nicht vergessen, dass Virginia der Alella vom letzten Jahr ein Hochgenuss gewesen war, und eine Kiste besorgt. Nun saßen sie also beide auf dem Sofa im Wohnzimmer vor dem Kamin, Virginia mit den Beinen auf einem Fußhocker. Der Raum mit seinen schweren alten Möbeln und den tief hängenden Deckenbalken mochte beim ersten Besuch ein wenig erdrückend auf sie gewirkt haben, heute jedoch versprach er Geborgenheit und Intimität. Es war Zeit für ein vertrauliches Gespräch, doch noch fehlte ihr der Mut, nach dem zu fragen, was sie vor allem interessierte: Vitas Beziehung zu Violet. Der Wein tat zwar schon nach den ersten Schlucken seine Wirkung, doch dafür würde es wohl noch ein ganzes Glas benötigen.

Sie fing mit etwas Unverfänglicherem an. »Erzählst du mir davon, wie es zu deiner Ehe mit Harold kam?«

»Ach, damals.« Vita zog die Beine aufs Sofa und drapierte die Decke. »Kennengelernt habe ich ihn 1910 auf einer Dinnerparty anlässlich einer Aufführung von *Das gefleckte Band* im Adelphi. Er war so fröhlich, und ich mochte seine weichen Züge, die unbändigen braunen Locken. Da habe ich ihn zu dem Stück im Freilichttheater eingeladen, das vier Tage später, am zweiten Juli, in Knole Park aufgeführt wurde. Ich war achtzehn, das Mitwirken in Theaterstücken war ein Lichtblick in meiner Debütantinnenzeit, die ich ansonsten ganz und gar furchtbar fand.«

»Was für ein Stück war es denn, welche Rolle hattest du?«

»Es war kein richtiges Stück, und Laien traten neben echten Schauspielern auf. Stell dir vor, sogar Ellen Terry war dabei! *The Masque of Shakespeare* sollte Spenden für ein Shakespeare-Denkmal einbringen, wir führten also Szenen mit den beliebtesten seiner Figuren auf. Ich war die Portia aus dem *Kaufmann von Venedig*, und Terry hat mir dazu ihr originales Kostüm geliehen.«

»Die beste Shakespeare-Interpretin aller Zeiten, was für eine Ehre! Sie wurde in diesem Jahr zur Dame Grand Cross geadelt, hast du es gelesen? Du kannst dir etwas darauf einbilden, mit ihr auf der Bühne gestanden zu haben.«

Virginia konnte ja nicht ahnen, dachte Vita, dass sie viel lieber in der Rolle eines Helden aufgetreten wäre. Konnte sie es wagen, ihr davon zu erzählen, dass sie sich in ihren Tagträumen als Kind und Jugendliche stets als den entschlossenen, vor Kraft strotzenden und gleichermaßen romantischen Helden gesehen und ihn in ihren eigenen Theaterstücken auch verkörpert hatte? Sie vertraute Virginia, und hatte diese nicht die Wichtigkeit von Wahrheit betont?

»Weißt du, ich mochte den Part, in dem sich Portia als Anwalt verkleidet, immer am liebsten. Immer habe ich auch lieber die Männerrollen in meinen eigenen Stücken gespielt. Mit etwa zwölf habe ich zu schreiben begonnen, nachdem ich *Cyrano de Bergerac* gelesen hatte, lernte die Texte auswendig und führte sie auf. Das Publikum bestand dann allerdings nur aus leeren Koffern und ausrangierten Möbeln. Auf dem Dachboden von Knole habe ich den *Mann mit der Eisernen Maske* gegeben, als Thomas Chatterton den Märtyrer für das geschriebene Wort. Dabei trug ich ein Kostüm aus Reithosen, weißen Strümpfen, Schnallenschuhen und einem weißen Hemd, das mir meine Zofe Emily heimlich geschneidert hat.«

Glücklicherweise hatte *Bonne Maman* das Kostüm nicht hinterfragt, als sie und Violet im Sommer 1906 zusammen eine Vorstellung im Pariser Haus des Liebhabers ihrer Mutter, Sir John Murray Scott, vor den beiden und den Angestellten gaben. Was für ein Triumph, den Koch zu Tränen gerührt zu haben!

Virginia drehte ihr Glas in den Händen. »Und obwohl du dich selbst gern als starken, heroischen Troubadour gesehen hast, gefiel dir ausgerechnet der sanfte Harold. Und ihm ist sicher der jungenhafte Wildfang in dir aufgefallen.«

Vita verschluckte sich beinahe an ihrem Wein. Wie rasch Virginia erfasst hatte, was ihr selbst erst viel später klar geworden war! Als Paar hatten sie immer am besten funktioniert, wenn sie verkehrte Rollen eingenommen hatten. Ganz sicher hatte er schon anfangs an dem Männlichen an ihr Gefallen gefunden.

Doch Virginia hatte noch mehr zu sagen. Sie lehnte sich auf dem Sofa zur Seite, streckte den Arm nach ihr aus und ließ die Hand knapp neben ihrem Schenkel auf die Decke sinken. Mit verschwörerischem Augenaufschlag sagte sie: »Und ich habe es auch gesehen. In meinem Tagebucheintrag nach unserem ersten Treffen nenne ich dich einen Grenadier, hart und männlich. In den letzten Tagen habe ich alles noch einmal nachgelesen.«

»Wirklich?« Die Richtung, die Virginia offenbar einschlagen wollte, erregte sie, weckte aber sofort auch Bedenken. Sie beschloss, nicht darauf einzugehen. »Jedenfalls hat *Maman* Harold gleich als möglichen Heiratskandidaten betrachtet und ihm Knole gezeigt, aber der erste Eindruck, den er bei mir hinterlassen hat, war nicht allzu tief. Doch den folgenden Winter verbrachte ich in unserer Villa in Monte Carlo, und dort kam er mehrere Male zu Besuch, und wir lernten uns besser kennen.«

Zwischen ihnen hatte etwas wie kindliche Kameradschaft geherrscht, nichts Körperliches, sie machten Unsinn, lachten viel, aber ihr gefiel auch, wie klug er war und wie anregend das Gespräch mit ihm. Es gab lange Phasen, in denen sie sich nicht sahen – Harold arbeitete damals als Staatssekretär im diplomatischen Dienst in Madrid –, und andere Männer, die um sie warben. Aber wenn sie auch nicht verliebt in ihn gewesen war, so mochte sie ihn doch am liebsten von allen.

»Im Herbst und Winter 1911 besuchte er mich oft in Knole. Er hat mir nie offen den Hof gemacht oder auch nur geflirtet, aber er suchte immer meine Nähe. Schließlich begann ich zu hoffen, er würde mir einen Heiratsantrag machen. Und das tat er, auf einem Ball in Hatfield, riss vor Verlegenheit dabei alle Knöpfe von seinen Handschuhen, küsste mich nicht, und ich sagte Ja.«

Ihre Eltern waren sich ausnahmsweise einig und nicht begeistert gewesen, denn Harolds damals noch sehr schmales Gehalt von zweihundertfünfzig Pfund jährlich war nichts im Vergleich zu Einnahmen und Vermögen anderer Kandidaten. Die Verlobung wurde vorerst als nicht existent betrachtet, und sie hatte Harold erst im Sommer des folgenden Jahres wiedergesehen. Gut, Virginia hatte sich wieder gerade hingesetzt und hörte ihr aufmerksam zu.

»Zwei Monate verbrachten wir gemeinsam auf Knole, unser Benehmen untadelig, aber dann küsste er mich im Garten und nannte mich seine Frau. Das war der Moment, in dem ich beschloss, ihn zu lieben. Doch er wurde nach Konstantinopel versetzt, und als wir 1913 immer noch nicht offiziell verlobt waren, schrieb ich an ihn, ob wir den Gedanken an Heirat nicht besser aufgeben sollten. Sofort schickte er ein verzweifeltes Telegramm, und in dem Moment, in dem ich es las, fiel in meinem Herzen etwas an seinen Platz, und ich begann, ihn wirklich zu lieben.«

Nachdem *Maman* schließlich einen Prozess gegen Scotts Familie gewonnen hatte – er war inzwischen verstorben, und sie fochten das Testament an, hundertfünfzigtausend Pfund in bar und Sämtliches aus dem Haus in der Rue Lafitte für ihre Mutter –, durfte endlich Verlobung gefeiert werden. Mit der Apanage von zweitausendfünfhundert Pfund jährlich, die sie ihr gewährte, sollten sie beide sorgenfrei leben können.

»Am 1. Oktober 1913 wurden wir in der Kapelle von Knole getraut, ich hatte sie wie ein Theater geschmückt, meine Freundin Rosamund war Trauzeugin. Ich trug ein Kleid aus Goldstoff, dazu einen Schleier aus irischer Spitze, den *Maman* bei der Krönung des Zaren getragen hatte. Sie hat darauf bestanden, alle Geschworenen aus ihrem Prozess einzuladen, blieb selbst aber, angeblich unpässlich, im Bett. Sie weint nicht gern, weil sie davon Kopfweh bekommt. In der Nacht davor weinte dafür ich, bis ich keine Tränen mehr hatte, weil ich Knole verlassen musste. Zum Abschied schrieb ich meinem Seelenort ein Gedicht. Harold und ich reisten nach Florenz, danach ging ich mit ihm nach Konstantinopel.« Und dann, dachte sie, ist im Laufe der Jahre ein Teil von mir, der lebendige, leidenschaftliche, einfach erloschen.

Virginia stellte ihr leeres Glas ab, legte die Hände in den Schoß und betrachtete sie intensiv. Sie zögerte, dann fragte sie: »Wusstest du es von Beginn an?«

Vita schenkte Wein nach und bot Virginia die Schale mit den Nüssen an. »Du meinst seine Vorliebe für Männer? Nein. Ich wunderte mich darüber, dass ihm so wenig daran lag, mit mir zu schlafen, alles immer sehr schnell ging und er dabei so kalt war, aber da es mir nicht fehlte, haben wir nie darüber gesprochen. Die erwarteten Kinder bekamen wir ja. Und während des Krieges, besonders als England 1917 bombardiert wurde, hatten wir andere Sorgen als unseren ehelichen Verkehr. Aber nein, ich hatte keine Ahnung, er hat nie eine Andeutung gemacht. Jedenfalls nicht bis zu dem Zeitpunkt, als ein Arzt ihn dazu zwang, weil er sich Filzläuse bei einem Mann geholt hatte.«

Im Oktober 1917 waren sie zusammen mit einem Dutzend anderer Gäste zu einem glamourösen Wochenende auf Schloss Knebworth House eingeladen gewesen. Dort hatte er sie betrogen, ohne dass sie irgendetwas davon mitbekommen hatte. Seine Beichte legte er am 6. November kurz nach seiner Diagnose ab, denn sie musste sich wie er einer Behandlung unterziehen. All das unter Tränen und der Beteuerung, er könne nicht anders, aber diese Affären seien nie von Dauer, sie sei der einzige Mensch, mit dem er sein ganzes Leben verbringen wolle.

»Das muss furchtbar für dich gewesen sein«, sagte Virginia, holte zwei der selbst gedrehten Zigaretten aus ihrem kleinen Täschchen und hielt ihr eine hin, die sie nahm und dann zuerst Virginia Feuer gab.

»O ja, das war es.«

Sie hatte unter Schock gestanden, ihm aber geglaubt und es als Ausgleich für eine alte Schuld betrachtet, die sie selbst auf den Schultern trug. Und letztlich hatte sie, indem sie seine Neigung anerkannte, ihr eigenes Begehren besser verstanden. Ihre frühere Verliebtheit in Freundinnen war nicht bloß fehlgeleitete Leidenschaft gewesen, die sich noch nicht auf das richtige Ziel richten konnte, sondern echte Liebe.

Aber sie erzählte Virginia besser nicht von Rosamund Grosvenor, die wie sie und Violet auf der Helen Wolff's School for Girls, aber vier Jahre älter gewesen war. Violet war schon viel früher Vitas erste Liebe gewesen, doch bis zu ihrer Trennung, weil ihre Familie nach Ceylon umzog, hatte es nicht mehr als ein paar schüchterne Küsse zwischen ihnen gegeben. Körperliche Leidenschaft, die sie manchmal auch tagsüber regelrecht schwindeln ließ, hatte sie erst mit Rosamund erlebt. Das Furchtbare daran war nur, dass all dies geschah, während sie Harold näher kennenlernte, und sogar dann noch, als sie bereits verlobt waren.

Als Harold sie in Monte Carlo besuchte, war auch Rosamund zugegen gewesen, und nach der Rückkehr nach England wohnte sie praktisch auf Knole. Es begann arglos und unschuldig, sie küssten und berührten einander, wussten gar nicht, was sie da taten. Bald fanden sie nachts in einem Bett zusammen und erlebten die größtmögliche Intimität, die für zwei völlig unaufgeklärte Mädchen denkbar war. Vita hatte gewusst, dass es nicht erlaubt war, das zu tun, also gab sie acht, dass niemand es herausfand. Schuldgefühle darüber hinaus ließ der Rausch nicht zu.

Nach Harolds Heiratsantrag vertiefte sich die Affäre mit Rosamund sogar noch, und selbst das kam ihr ganz und gar nicht unrecht vor. Vielleicht weil sie damals noch nie auf sexuelle Weise an Harold gedacht hatte. Es kam ihr einfach nicht in den Sinn, weil sich zwischen ihnen eigentlich alles nur auf intellektueller Ebene abspielte – das genaue Gegenteil zu Rosamund, die recht schlicht von Gemüt war und Vita schnell langweilte. Harold war der geborene Ehegatte, nicht der geborene Liebhaber. Nun, jedenfalls nicht für sie.

In ihrer geheimen, gut versteckten Lebensbeichte hatte sie sich so schonungslos wie möglich mit der Beziehung nicht nur zu Violet, sondern auch zu Rosamund auseinandergesetzt, denn sie hatte sich geschworen, sich bei dieser Niederschrift vor nichts zu drücken, und das war ihr wenigstens halbwegs auch gelungen. Erst nach Bekanntgabe der Verlobung hatte sie die Liaison beendet. Oft war sie gemein zu Rosamund gewesen, es schien Teil des Spiels zwischen ihnen zu sein, aber jetzt ließ Vita sie ohne das geringste Herzklopfen und ohne Trost im Stich.

Jede Nacht hörte sie Rosamund auf Knole in dem Zimmer neben ihrem weinen, aber statt Mitgefühl zu empfinden, machte das Weinen sie nur zornig. Sobald ihr nichts mehr an Rosamund lag und sie nur noch an Harold dachte, war sie kälter als Eis zu ihr, wollte es nicht sein und war es doch, weil es auf eine kranke Weise guttat. In diesen Tagen hatte das Niederträchtige in ihrem Charakter überhandgenommen, und das war etwas, das sie vor Virginia um keinen Preis offenbaren wollte. Wer erzählte schon im Plauderton: »Ach, wie es scheint, bin ich schwach von Charakter und unfähig zu echter Treue. Das ist etwas, das du vielleicht über mich wissen solltest, wenn du mit mir Umgang pflegst.« Wie würde Virginia über sie denken?

Der Gedanke holte sie in die Gegenwart zurück. Wie lange hatte sie stumm dagesessen? Virginia war näher gerückt und sah sie aufmerksam an. Fast schien es, als hätte sie einen Teil ihrer Gedanken gelesen, denn jetzt fragte sie: »War es damals, nach diesem Treuebruch von Harold, als du die Beziehung mit Violet angefangen hast? Erinnerst du dich? Bei deinem ersten Besuch in Monk's House hast du versprochen, mir davon zu erzählen.« Virginias Augen sahen vom Alkohol ein wenig gerötet und glasig aus, und mit einem erschrockenen Blick auf die Uhr bemerkte Vita, dass es schon kurz vor Mitternacht war.

»Wenn ich das jetzt noch tue, wird es viel zu spät. Leonard wird mich umbringen, du solltest längst im Bett sein!«

Virginia lächelte nur. »Vielleicht will ich bloß einmal ein klein wenig davon kosten, wie es schmeckt, aus dem Regelkorsett der Vernunft auszubrechen, so wie du es immer zu tun scheinst. Gieß mir noch etwas Wein ein.«

»Ich weiß nicht. Bist du sicher?«

Doch da hatte Virginia schon selbst nach der Flasche gegriffen und schenkte ihnen beiden nach. Dann rückte sie auf dem Sofa wieder näher und griff nach einem Kissen. »Wie wäre es, wenn ich mich jetzt hier hinlege und mein noch gar nicht müdes Haupt auf deinen sagenhaften Schoß bette, während du erzählst? Das ist doch beinahe so, wie im Bett zu liegen.«

Sie hätte Nein sagen sollen, aber der Reiz war zu groß. Vita hob die Decke an. »Also gut, dann komm.«

Innerer Jubel stieg in Virginia auf. Sie hatte ihn getan, den ersten Schritt! Als ihr Kopf Vitas Schenkel berührte, spürte sie den Schwindel, von dem Vita vorhin berichtet hatte, und sie war sicher, er kam nicht vom Alkohol. Vita deckte sie zu, und als sie den Arm neben sie legte und dabei ihren Rücken berührte, spürte sie so etwas wie Stromstöße durch die Decke hindurch. Angenehme Stromstöße. »Ich bin sehr gespannt, nun erzähl!«

Vita seufzte. »Wir lernten uns auf der Tagesschule kennen, ich war dreizehn, sie war elf, aber viel weiter entwickelt als ich. Das erste Mal außerhalb traf ich sie bei einer Teegesellschaft für ein krankes Mädchen, danach drängte sie ihre Mutter, ein Treffen zu vereinbaren, damit sie mich besuchen konnte. Als wir auf Knole in einem abgedunkelten Zimmer saßen, über unsere Vorfahren sprachen und sie mich zum Abschied küsste, da wusste ich im Grunde schon, dass ich sie nur lieben konnte. Abends im Bad intonierte ich einen Choral, einen heiligen Singsang. *Ich habe eine Freundin, ich habe eine Freundin*, endlos wiederholt. Sie war blitzgescheit, sehr verwöhnt und überirdisch schön. Ich wusste, um sie an mich zu binden, durfte ich nicht anhänglich sein, sondern gerade das Gegenteil.«

Eigentlich hatte sie sich sogar sehr ablehnend und verächtlich ihr gegenüber verhalten, aber der Plan war aufgegangen. Schon bald hatte Violet ihr gesagt, dass sie sie liebte. Sie sprachen meist Französisch miteinander, weil sie das *tu* so intim fanden und jeder so verstehen musste, was für enge Freundinnen sie waren. Den Ring, den Violet ihr damals geschenkt hatte, besaß sie immer noch.

»Von Beginn an war es mehr als jugendliche Überspanntheit, die uns aneinanderband. Ich hatte das Gefühl, Violet gehörte einzig und allein mir. Doch wir sahen uns nur selten, weil ihre Familie viel Zeit in Florenz verbrachte, und als sie nach Ceylon gingen, dachte ich, es wäre ganz aus. Ich war untröstlich.«

Bei den Worten zitterte ihre Stimme ein wenig, und mit einem Mal fühlte sie Virginias Hand an ihrem Knie, ein sanftes Streicheln, mitfühlend und beruhigend. Und wie von selbst legte sich darauf ihre eigene Hand auf Virginias Arm und tat es ihr nach. Nun sollte es kommen, wie es kommen musste.

In den nächsten Jahren hatte sie Rosamund gehabt, und Harold natürlich, und mit Violet derweil losen Briefkontakt gehalten. Für die Verlobung hatte diese nichts als Sarkasmus übrig gehabt. Darunter versteckte sich eine immer noch schwelende Liebe. Und dann fanden sie sich alle wieder in London ein.

»Im Frühling 1918 zogen wir uns wegen der Luftangriffe aufs Land zurück, und Violet fragte, ob sie vierzehn Tage bei uns verbringen dürfe. Sie kam, und anfangs fanden wir nicht gut zueinander, ich wollte arbeiten, sie war rastlos und verbrachte die Tage meist, wie Harold, in London. Eine Woche verging, und dann kam der Tag, an dem sich alles änderte. Das Datum werde ich nie vergessen. Es war der 18. April.«

Von der Women's Land Army hatte sie sich eine Garnitur der Uniform besorgt, die die *Land Girls*, die während des Weltkriegs als Ersatz für die fehlenden Männer verpflichteten Landarbeiterinnen, bei der Arbeit getragen hatten: den kakifarbenen weiten Kittel, der durchs Waschen rasch weiß wurde, braune Kniehosen und Gamaschen. Die ungewohnte Beinfreiheit beim Spazierengehen hatte sie immer ausgelassener werden lassen, und bald war sie über Wiesen gelaufen, durchs Gehölz, über Gartentore und Zäune geklettert, jubelnd, lachend, sehr am Leben. Violet, obwohl sie langsamer vorankam, folgte ihr überallhin und sah sie mit ungewohnter Sanftmut an, wann immer sich ihre Blicke trafen. Dieser Tag ließ Funken sprühen, und alle Zügel fielen.

Harold kam an diesem Abend nicht nach Hause, und Violet nutzte die Gelegenheit. Sie hatte ihr Doppelwesen erkannt und sprach sie unverblümt darauf an.

»Und da kam alles aus mir heraus«, sagte Vita. »Ich erzählte ihr alles, verbarg nichts, sondern kehrte jeden Winkel aus, redete mich heiser, bis alle Dienstboten längst im Bett waren und das Feuer im Kamin erlosch. Und alles, was ich sagte, war mir gleichzeitig neu und wohlbekannt – so wie für Violet, die mich kein einziges Mal unterbrach. Dass ich mich nur Harold gegenüber weiblich und sanft fühlte, während bei allen anderen – bei Frauen – meine andere Seite zum Vorschein kam. Und dass es diese Seite war, die mich die meiste Leidenschaft erleben ließ. Als ich fertig war, spürte ich die Trunkenheit der Befreiung – der Befreiung eines großen Teils meiner Persönlichkeit.«

Vitas Hand war beim Erzählen auf Virginias Arm nach oben gewandert, hatte den Rand der Decke überwunden und über ihren Nacken gestrichen, was sie hatte erschauern lassen. Jetzt ließ sie eine Strähne, die sich aus dem Knoten gelöst hatte, durch die Finger gleiten. Als sie die Hand wieder sinken ließ, drehte Virginia sich auf den Rücken und sah sie zärtlich an.

»Ich bin froh, dass dir das passiert ist. Wie ging es weiter?«

»Nun«, sagte Vita und nahm einen Schluck von ihrem Wein, »dann begann Violet zu reden. Oder vielmehr um mich zu werben. Sie tat es mit einer Klugheit und Erfahrung, die nichts mit meinen bisherigen Vorstößen zu tun hatte. Ich hätte genauso gut ein junger Mann von achtzehn Jahren sein können und sie eine doppelt so alte Frau.«

Violet rekapitulierte die Geschichte ihrer beider Freundschaft, holte die Momente hervor, in denen sich Besonderes zwischen ihnen abgespielt hatte, beschrieb Momente großer Nähe und gestand schließlich, dass sie sie immer und mit jeder Faser geliebt hatte, immer haben wollte, trotz all der Male, in denen Vita sie zurückgestoßen hatte.

»Sie lag auf genau diesem Sofa, mit dem Kopf zum Lehnsessel, auf dem ich saß. Diese Verführerin in ihrem roten Kleid, ich wusste gar nicht, wie mir geschah. Sie nahm meine Hände, spreizte die Finger auseinander wie einen Fächer, ungefähr so ...« Sie nahm eine von Virginias Händen und machte es vor. »... und zählte mit einem Kuss auf jede einzelne Fingerspitze die Gründe dafür auf, warum sie mich liebte. Jede Berührung so sanft wie ein Hauch.« Virginia atmete schwer und seufzte, verschränkte die Hand mit ihrer. »Dann sah sie mich an, erkannte mein Einverständnis und zog mich zu sich, bis wir uns küssten. Danach stand sie auf, um zu Bett zu gehen, aber nachdem ich die Lampe ausgeblasen hatte, küsste ich sie noch einmal im Dunkeln. In den nächsten Tagen blieb alles spielerisch zwischen uns. Hoffnungslos verfallen sind wir einander erst, als wir zu zweit eine Woche in Cornwall verbrachten.«

»Und inzwischen bist du selbst eine in der Kunst der Verführung erfahrene Frau«, sagte Virginia. »Ich könnte so viel von dir lernen.«

»Aber du ...«, setzte Vita ein.

Virginia löste ihre Hand aus der Verschränkung, hielt sie ihr vors Gesicht und spreizte die Finger. »Und hiermit könntest du anfangen.«

Es soll so sein, dachte Vita. Die Vernunft zog sich wie ein verwundetes Tier in seine Höhle zurück, die Erregung sprang hervor und nahm Besitz von ihr. Sie ergriff Virginias Unterarm mit der einen, ihren kleinen Finger mit der anderen Hand. »Ich liebe dich für deine ätherische Schönheit, der du selbst dir am wenigsten bewusst bist«, sagte sie sanft und hauchte einen Kuss auf die Fingerspitze, der die Haut kaum berührte. Virginia sog scharf den Atem ein. »Für deinen Geist, der alles überragt.« Drei rasche Küsse auf den Ringfinger. »Ich liebe dich für deine Schroffheit, hinter der sich so viel Zartes versteckt.« Als sie den Mittelfinger küsste, stahl sich ihre Zunge zwischen die Lippen. Virginia stöhnte, ihr Brustkorb wogte, und mit einem Mal entzog sie ihr die Hand und setzte sich auf, schwer atmend.

»Küss mich, Vita, auf den Mund!«

Doch noch bevor sie reagieren konnte, hatte Virginia sie schon an sich gezogen und die Lippen auf ihre gedrückt.

Als sie sich atemlos voneinander lösten, sagte Virginia, mit einem Blick, der Vita einen lustvollen Stich in den Unterleib versetzte: »Wenn du jetzt den obersten Knopf deines Jerseys öffnest, Vita, werde ich mich in ein Eichhörnchen verwandeln, in deinen Ausschnitt springen und alles erforschen, was darunter ist. Und dann musst du dem lieben, aber ungestüm ungeschickten Wesen Einhalt gebieten und ihm zeigen, wie es geht.«

Und Vita öffnete den Knopf, und das Wunder geschah.

*

Virginia hatte nicht geglaubt, überhaupt schlafen zu können, so sehr hatte das Glück der letzten Nacht ihre Nervenenden vibrieren lassen. Und doch musste sie irgendwann eingeschlafen sein, Vitas warmen Bauch und ihre weichen Brüste an ihren Rücken geschmiegt. Sie hatten sich auf dem Sofa geliebt, sich gegen drei Uhr morgens auf den Weg in ihre Schlafzimmer gemacht und sich dann doch nicht trennen können. Vita war mit ihr gekommen, doch als Virginia jetzt erwachte, war sie nicht da.

Es war geschehen, und es war wundervoll gewesen. Lag es

daran, dass sie Vita schon geliebt hatte, bevor sie auf die letzte, endgültige Weise intim wurden? Oder daran, dass sie eine Frau war? Vielleicht beides.

Es war noch keine neun Uhr, aber sie fühlte sich wach und stark, spürte keinerlei Nachwirkungen vom Wein. Sie stand auf und zog die Vorhänge zur Seite. Der Tag war grau in grau, aber das war kein Wunder, denn sie hatte alle Farben in sich aufgesogen. Sie schlüpfte gerade wieder unter das dicke Daunenfederbett, als es draußen schepperte. Sie lauschte, hörte leises Murmeln, dann ging die Tür auf. Vita! Sie balancierte das Frühstück auf einem Tablett herein. Tee, Saft, Toast, Honig und Orangenmarmelade für sie beide, und sie hatte sich gemerkt, dass Virginia morgens gleich als Erstes am liebsten einen Kaffee trank.

»Du bist ja wach, gut!«, sagte Vita. »Das ist für den ersten Hunger, wir können später richtig frühstücken. Die Schale mit dem Zucker ist mir heruntergefallen, aber sieh, ein Rest ist dringeblieben, reicht dir das?«

Wie selbstverständlich und ungezwungen sie sich gab! Als hätten sie beide in der Nacht nicht wirklich unerhörte Dinge miteinander getan. Sie dagegen wagte es kaum, ihr in die Augen zu schauen. Vermutlich hatte sie sämtlichen Mut in der letzten Nacht aufgebraucht.

»Aber ja doch, wunderbar, ich danke dir.« Sie setzte sich ordentlich auf, Vita platzierte das Tablett und schlüpfte dann ebenfalls wieder ins Bett.

»Du hast mich gestern Nacht wirklich ganz außerordentlich überrascht, *mon amour*.« Vita beugte sich zu ihr und gab ihr einen Kuss auf die Wange. Ihre Lippen waren so warm, als hätte sie sie eben noch an der Teekanne gewärmt, und diese Wärme breitete sich über Virginias Wange und von da in ihrem ganzen Körper aus. Mit einem Mal war alle Scham fortgeschwemmt.

»Überrascht war ich auch, Liebste. Ich habe nicht gewusst, dass ich in der Lage bin, so etwas zu fühlen. Du hast mich verhext.« Sie gab Zucker in ihren Kaffee und nahm einen Schluck. Heiß, stark und gut. Wie Vita, dachte sie, aber das war nun wirklich ein alberner Gedanke.

Vita biss in ihren Marmeladentoast und sprach ungeniert mit vollem Mund. »Du meinst den Moment, als ich dir den Schrei entlockt habe?«

Virginia verschluckte sich fast und spürte, wie ihr Röte den Hals hinaufkroch. »Kleines Biest!«, versetzte sie mit einem spielerischen Ellenbogenhieb in Vitas Seite. Vita knuffte zurück, Kaffee schwappte, und beinahe hätten sie das Tablett umgekippt. Kichernd wie Schulmädchen stellten sie alles wieder ordentlich hin und bemühten sich um Fassung.

»Weißt du«, sagte Virginia, wenig später wieder ernst geworden, »ich habe es wirklich nicht gewusst. Ich dachte immer, ich hätte einfach kein Interesse an geschlechtlichen Dingen, wäre frigide. Eben keine richtige Frau. Und irgendwie war es eine Erleichterung, in dem Kampf der Geschlechter nicht mitspielen und andere Frauen nicht als Rivalinnen betrachten zu müssen. In der Zeit, in der Leonard um mich warb, da fühlte ich nicht mehr als ein Stein, wenn er mich küsste. Unsere Hochzeitsnacht war eine Katastrophe, und bald einigten wir uns darauf, diese Dinge ganz zu lassen. Das männliche Geschlecht ist so …« Sie verstummte, Bilder wollten vor ihrem inneren Auge aufsteigen. Wie sie während des Akts gänzlich eingefroren war, unfähig zur kleinsten Bewegung, sich immer wieder gesagt hatte: Leonard, es ist doch nur Leonard … Sie kniff die Augen zu, knipste damit die Bilder aus und lachte zittrig. »Aber wie es scheint, bin ich wohl doch nicht frigide.«

Vita lachte. »Alles andere als das.« Sie tunkte ihren kleinen

Finger in die Marmelade und hielt ihn Virginia hin. »Magst du kosten?«

Das tat sie, und dann stellte Vita das Tablett weg, und sie liebten sich noch einmal, drifteten, noch ineinander verschlungen, wieder in den Schlaf. Nach einem kurzen Schlummer wachten sie aneinandergeschmiegt auf, und Virginia reckte sich genüsslich. »Violet war dir wirklich eine gute Lehrmeisterin«, sagte sie. »Du hast gestern gar nicht mehr weitererzählt. Wir haben noch Zeit, Leonard kommt erst zum Tee.«

»Also gut.« Vita setzte sich auf. »Mach dich auf eine lange Geschichte gefasst.«

Rosamund hatte sie immer »Prinzessin« genannt, doch für Violet war sie ihr »Rosenkavalier«, und das gefiel ihr außerordentlich gut. Wann immer sie allein waren, trug sie die Kniehosen der Landfrauenuniform. Eines Tages, zurück in London, keimte eine kühne Idee in ihnen. Vita könnte sich in der Nacht als Mann verkleiden, und sie würden sich gemeinsam als Paar auf die Straße wagen. Die Regierung hatte zum Schutz vor Luftangriffen Verdunkelung angeordnet, die Straßenlaternen waren aus oder an der Oberseite geschwärzt. Eine bessere Gelegenheit würde sich nie ergeben.

»Also kleidete ich mich um, färbte mir Gesicht und Hände braun und legte mir einen Kopfverband an. Ich war ein verwundeter Soldat, nichts weiter.«

»Und deine Größe war ein Vorteil, du misst doch sicher sechs Fuß, nicht wahr?«

»Ganz knapp darunter.« Vitas Blick ging in die Ferne, in eine vergangene Zeit.

Im Taxi fuhr sie mit Violet und leichtem Gepäck bis Hyde Park Corner, wo sie zunächst allein ausstieg. Als gänzlich neuer Mensch ging sie die Picadilly hinab, rauchte eine Zigarette, kaufte von einem Jungen eine Zeitung. Er sagte »Sir« zu ihr! Nicht einmal ihre eigene Mutter würde sie jetzt erkennen, aber für sie selbst fühlte sich alles vollkommen natürlich an. So, genau so, fühlte sich Freiheit an!

Sie schlenderte weiter bis zum verabredeten Treffpunkt mit Violet in der Bond Street, von wo aus sie wieder ein Taxi nahmen und zum Bahnhof in Charing Cross und dann weiter mit dem Zug bis Orpington fuhren.

»Stell dir vor, in einer Pension mieteten wir ein Zimmer als Ehepaar, und die Wirtin schöpfte keinerlei Verdacht! Am nächsten Tag fuhren wir mit dem Zug weiter nach Knole, und ich hatte größte Sorge wegen des Tageslichts, doch wieder nahm niemand Notiz von uns. Dort zog ich mich in einem der Ställe heimlich um und kam als Frau wieder hervor.«

»Gute Güte, das war wirklich sehr mutig von dir.«

»Ja, aber gerade darin steckte der Kitzel!«

Virginia sah sie ernst an. »Ich achte deine männliche Seite, aber mir gefällt besonders das an dir, was noch weiblicher als die Urmutter selbst zu sein scheint. Auch das ist da.«

»Ich weiß. Ich fühle mich auch anders dir gegenüber.« Vita lächelte und legte ihr sanft die Hand an die Wange. »Du weckst alles Weiche in mir.«

Virginia gab ihr einen raschen Kuss. »Erzähl weiter!«

Fast ihre gesamte Zeit hatte sie nun mit Violet verbracht, die zuvor recht umtriebig sowohl Frauen als auch Männern den Kopf verdreht und einige Verlobte verschlissen hatte. Während ihrer Beziehung jedoch gab sie alle anderen auf, es war ein Sommer ausgedehnter Eskapaden zu zweit, rau und romantisch, mit Mondnächten, Musik und Versen voller Leidenschaft.

Nur ein Mann störte das Idyll, wenn er zu Beginn auch noch in der Ferne Kriegsdienst tat. Denys Trefusis, in den Violets Eltern nun alle Hoffnungen auf eine baldige Heirat setzten. Im Spätsommer 1918 kam er für zehn Tage auf Heimaturlaub, und Vita mochte ihn sogar, obwohl sie ihn gern hassen wollte, ein Mann wie ein Rennpferd, ein sensibler und stolzer Asket. Vielleicht konnte sie Gnade walten lassen, weil in greifbarer Nähe ein ganzer Monat ungestörter Zweisamkeit vor ihnen lag: Ende November fuhren sie auf den Kontinent und wollten bis Weihnachten fortbleiben.

»In Paris lebte ich praktisch die ganze Zeit in der Männerrolle, und Violet nannte mich Julian. Die Freiheit, die in London nur wenige Stunden gedauert hat, fühlte ich jetzt die ganze Zeit. Ich war so glücklich, Virginia.«

Sie wohnten in einer Wohnung im Palais Royal, gingen in Cafés, Restaurants, ins Theater, schlenderten abends durch die Straßen. Nirgends enttarnte man sie. Nach einer Woche fuhren sie nach Monte Carlo, wo das Spiel ebenso weiterlief.

»Eines Abends gingen wir auf einen Ball, und dort machte sich eine französische Familie an mich heran, weil ich ihrer Tochter, einem reizlosen Wesen, ein paar Komplimente gemacht hatte. Ich sollte sie unbedingt besuchen kommen, sie wollten Bridge spielen! Und mit ihrem Sohn, einem französischen Offizier, tauschte ich Kriegserinnerungen aus und erzählte ihm, wie ich zu meiner *blessure* gekommen war.«

Sie waren nicht, wie geplant, Weihnachten zurückgekehrt, sondern einfach bis Ende März geblieben, als alle längst vor Zorn außer sich waren. Harold war damals in Paris gewesen, doch es reichte schon, den Tiraden ihrer Mutter und Dadas ausgesetzt zu sein. *Maman* verlangte von ihr, Violet den Laufpass zu geben, denn sie sorgten inzwischen für Gesprächsstoff in ganz London, und die Familie sei unmöglich gemacht.

Violets Mutter und Denys drängten derweil darauf, endlich

die Verlobung öffentlich bekannt zu geben, denn auch für sie beide stand ihr Ruf auf dem Spiel.

»Nach den leuchtenden Monaten auf dem Kontinent war jetzt alles in Dunkelheit getaucht. Ich fuhr allein nach Brighton und dachte darüber nach, mich die Klippen hinabzustürzen. Violet wollte der Verlobung zustimmen, wir beide hofften schließlich, dadurch sogar mehr Freiheit zu erlangen, denn Denys hatte einer rein geschwisterlichen Beziehung zugestimmt.«

Als sie nach London zurückgekehrt war, hatte sich gezeigt, dass Violet es trotzdem nicht zu einer Heirat kommen lassen wollte.

»Sie redete und redete auf mich ein, war besessen von dem Gedanken, wirklich mit mir und nur mit mir zu leben. Also schmiedeten wir einen Plan. Einen Tag vor der Hochzeit – so spät, damit man uns nicht mehr würde einfangen und zurückbringen können – sollte ich sie entführen, und wir würden auf und davon gehen.«

Dann aber waren zwei Tage vor dem fraglichen Datum drei Briefe auf einmal von Harold gekommen, todunglücklich, verzweifelt. Er ahnte etwas, was ihre eigene Schuld war, denn damit es ihn nicht in aller Härte treffen würde, hatte sie eine Reihe von Andeutungen gemacht. Und als sie seine Worte las, wurde sie sich erst wirklich dessen bewusst, was sie vorhatte. Das konnte sie diesem lieben, gütigen Mann, der in vielen Dingen auf ihre Stärke angewiesen war, doch nicht antun!

Als sie Violet das sagte, war diese erst erschrocken, dann außer sich gewesen, fuhr alle Geschütze auf, die ihr nur einfielen. Doch Vita blieb hart, wenn es auch furchtbar wehtat, und fuhr zu Harold nach Paris, um sich selbst die Möglichkeit zur Umkehr zu nehmen.

»Dazu, in den Zug nach Folkstone zu steigen«, sagte Vita nachdenklich, »brachte ich mich, indem ich mir sagte, dass ich immer noch umkehren könnte, wenn ich wollte, denn Violet würde mir auch vom Traualtar aus noch folgen. Nachdem ich in Folkstone das Schiff betreten hatte, konnte ich nicht mehr leugnen, dass es langsam unwiderruflich wurde. Da gewann die Verzweiflung Oberhand, und ich versuchte, das Schiff zu verlassen. Aber ich hatte mich gut betrogen: Es war zu spät, das Fallreep wurde schon weggezogen. Ich weinte und weinte die ganze Überfahrt, es war der vielleicht schrecklichste Tag meines Lebens.«

Harold hatte sie an der Gare du Nord abgeholt, und sie hatte ihm mitgeteilt, sofort zurückfahren zu wollen, doch ihr Mann setzte sich durch, und sie fuhren nach Versailles. Auch am folgenden Tag ließ er sie nicht aus den Augen.

»Mein Körper beschloss, sich mit einer Gegenreaktion zu schützen«, sagte Vita. »Plötzlich war ich fieberhaft vergnügt, dabei irgendwie böse auf Violet, und ich zeigte Harold das Buch, an dem ich gerade schrieb. Das hätte Violet nicht gewollt, denn schließlich handelte *Die Herausforderung* von uns, nur versetzt nach Griechenland und mit mir als Mann.«

»Ach, ist das Buch darum nur in Amerika erschienen?«, fragte Virginia überrascht.

Vita schnaubte. »Natürlich! Ein Jahr nach Violets Heirat war das Buch sogar schon in Druck, da hat meine gute Frau Mutter derart auf mich eingeredet, dass es einen Skandal geben werde, dass die Maskierung nichts nützen und dass jeder wissen werde et cetera, et cetera. Also habe ich eingelenkt, und alles wurde eingestampft.«

Virginia nickte. »Aber 1919, Violets Heirat, war das schon das Ende eurer Beziehung?«

Das war es ganz und gar nicht gewesen. Am zweiten Tag nach der Ankunft in Versailles, am 19. Juni, hatte sie, betäubt vor

Schuldgefühl, auf ihrem Bett gesessen, die Uhr in der Hand, und beobachtet, wie sich die Zeiger der Stunde der Trauung annäherten und sie überschritten. Sicher hatte Violet bis zuletzt gehofft, immer noch mit der vereinbarten Mitteilung, dem Zeichen zum Aufbruch, gerechnet, das dann doch nicht kam.

Schon einige Tage darauf sahen sie sich wieder, denn Violet kam mit Denys nach Paris. Sie trafen sich im Ritz und verbrachten einen äußerst unangenehmen Abend miteinander.

»Danach nahm ich sie mit in das kleine Hotel, in dem ich inzwischen wohnte, liebkoste sie, und dann war ich wieder brutal zu ihr. Ich besaß sie ganz, nur das zählte in diesem Moment. Am nächsten Tag gab es eine scheußliche Szene mit Denys, während der sie ihm von unserem Plan berichtete und ihm sagte, dass sie sich rein gar nichts aus ihm machte. Er war vollkommen zerstört danach, dennoch fuhren sie weiter nach Saint-Jean-de-Luz.«

In der folgenden Zeit hatte Violet immer wieder auf sie eingeredet, doch noch durchzubrennen, und Vita konnte sich nicht allzu lange widersetzen. Im Oktober machten sie sich auf den Weg nach Griechenland, die Recherche für Vitas Manuskript als Vorwand, damit niemand Verdacht schöpfte. Auf ihren Zwischenstopps in Paris und Monte Carlo lebten sie sofort wieder wie damals, fielen in die gleiche Leidenschaft füreinander zurück. So schön war es, dass sie beschlossen, Griechenland Griechenland bleiben zu lassen und in Monte Carlo zu leben.

»Dann aber meldete der arglose Denys seine Ankunft in Cannes an. Harold war noch in Paris, also beschlossen wir, zu unseren Männern zu fahren und sie davon zu unterrichten, dass wir künftig ohne sie zu leben gedachten. Denys wollte sich damit abfinden, er fragte schon danach, wie viel Unterhalt Violet benötigen würde. Bei mir lief es nicht so geradlinig, Harold hatte einen Abszess am Knie und musste operiert werden, sodass ich ihm den zusätzlichen Schmerz nicht zufügen konnte.

Ich blieb zwei Wochen bei ihm und musste dann wieder nach England zurück, weil sich gerade niemand um Ben und Nigel kümmern konnte. Um es kurz zu machen: Auch das war noch nicht das Ende des ewigen, quälenden Hin und Hers.«

Violet hatte einige Dummheiten gemacht, und schließlich waren sie beide Mitte Februar 1920 gemeinsam in Amiens gelandet. Doch jetzt hatte sich die ganze Welt gegen sie verschworen und beschlossen, ihnen endgültig Einhalt zu gebieten. Violets Vater tauchte im Hotel auf und machte eine Szene, tobte, wütete, doch davon ließen sie sich noch nicht beeindrucken. Am nächsten Tag aber trafen Denys und Harold ein, im selben Flugzeug hatten sie gesessen.

»Harold forderte mich auf, meine Sachen zu packen, und wenn ich das nicht täte, würden sie uns aushungern, bis wir nachgäben. Wir hielten immer noch stand, verließen das Zimmer, woraufhin Violet im Flur auf den völlig kraftlosen Denys einzuwirken begann. Aber als ich später noch einmal mit Harold sprach, erzählte er mir, Violet sei mir nicht so treu gewesen, wie sie mir versprochen hätte. Sie habe die Ehe mit Denys vollzogen und mir das verschwiegen.«

Blinde Wut hatte Vita daraufhin gepackt, und als sie Violet zur Rede stellte, verneinte diese es nicht. So ein Betrug war nicht auszuhalten.

»Da habe ich ihr gesagt, es ist aus. Sie versuchte, mich festzuhalten, klammerte sich an mich, wollte erklären, aber ich war blind und taub vor Schmerz.«

Es war noch nicht wirklich das Ende gewesen. Violet hatte noch nicht aufgegeben, sie konnte einfach nicht von der Vorstellung eines Zusammenlebens lassen. Später stellte sie ihre, wie sie sagte, nur angebliche Untreue in völlig anderem Licht dar, und Denys bestätigte dies sogar noch. Vita glaubte ihnen nicht. Trotzdem kam Violet wieder darauf zu sprechen, gemeinsam durchzubrennen. In Wahrheit aber war es längst vorbei. Sie stritten immer häufiger, wurden immer grausamer zueinander. Und den Vertrauensbruch hatte sie Violet nie verziehen, auch wenn die Sehnsucht ihr noch lange ins Herz schnitt.

»Das Glück hatte uns endgültig verlassen. Inzwischen habe ich es überwunden, aber ich werde sie nie vergessen.« Vita schaute auf die Uhr und schlug hastig die Bettdecke zurück. »Um Himmels willen, wir müssen uns anziehen. Dein Mann kommt gleich!«

FÜNF

Einander wollen: Verzehrung
(Januar bis Dezember 1926)

*Die Blume blühte und verwelkte. Die Sonne ging auf
und versank. Der Liebhaber liebte und ging fort.*
Orlando

৪৩

*Bitte sei in diesem Wirrwarr des Lebens weiterhin ein heller und
beständiger Stern. Nur wenige Dinge bleiben
als Leuchttürme: die Poesie und du und die Einsamkeit.*
Vita an Virginia, 8. Januar 1926

Ich bin reduziert auf ein Ding, das Virginia will.
Vita an Virginia, 21. Januar 1926

*Da traf mich die Erkenntnis, dass ein Teil meines
Elends darin besteht, dich nicht bei mir zu haben.*
Virginia an Vita, 31. Januar 1926

*Ich wünschte, du könntest für eine Woche in meinem Gehirn
leben. Gewaltigste Wellen an Gefühlen durchfluten es.*
Virginia an Vita, 2. März 1926

*[...] dass du mich schrecklich traurig gemacht hast, was die
»zentrale Transparenz« angeht. Weil es das ist, was
ich selbst immer empfunden habe. Doch wie sie erreichen?*
Vita an Virginia, 15. März 1926

*Denk an deine Hündin Grizzle und an deine Virginia [...].
Ich bereue, dein Gedicht kritisiert zu haben,
ohne es ganz gelesen zu haben.*
Virginia an Vita, 13. April 1926

৪৩

Der Dunst verschluckte Vitas Wagen, kaum dass sie losgefahren war. Nun, um zwanzig vor sieben an diesem Abend, war sie also endgültig fort. Virginia trat von der Türschwelle, schlug den Mantelkragen hoch und ging ein paar Schritte. Zum Abschied hatte der Nebel einen Schleier über die Straßen gelegt, gegen den die Straßenlaternen erfolglos anbrannten, alles war gedämpft; das Licht, die Geräusche und vorerst auch noch das Gefühl. Die Passanten Schemen, das eigene Innere wie ausgehöhlt.

Wie konnte es da sein, dass eine Drehorgel in der Ferne davon unberührt blieb und eine tröstende Melodie herüberschickte? Sie schien von der Marchmont Street her zu erklingen, also wandte Virginia sich in diese Richtung, um diesen Trost zu empfangen. An der Ecke blieb sie stehen, lauschte zwei Minuten, vielleicht drei, dann ging sie wieder zurück. Etwas zu hören hieß nicht, wirklich im Innersten davon erreicht zu werden.

In den letzten Wochen nach jenem unerhörten Ereignis – unerhört schön, sei ehrlich, Virginia! – hatten sie jede Gelegenheit genutzt, sich zu sehen, zwar nie allein, doch verbunden wie mit einem für alle anderen unsichtbaren, glühenden Draht, der anregende Stromstöße abgab, wenn ihre Blicke sich trafen oder sie sich wie zufällig berührten. Oft war es nicht gewesen, da eine Virusinfektion sie selbst und Vita die Nachwirkungen ihrer Impfung ins Bett gezwungen hatten. Der 19. Januar, der

Tag von Vitas Abreise, war gleichgültig näher gerückt. Heute hatte er sie eingeholt.

Zurück im Haus riss der innere Nebel auf, und Kummer floss in die Aushöhlung. Sie sah sich und Vita noch wie vorhin im Wohnzimmer vor dem Kamin sitzen, sie im Sessel und Vita auf dem Boden zu ihren Füßen, den einen Arm auf dem Polster, den anderen um ihre Unterschenkel geschlungen, den Kopf auf ihren Knien ruhend. Wenigstens ein paar Stunden hatten sie noch zu zweit verbringen können. Im Souterrain, wo Vita sich gern in ähnlicher Art neben sie setzte, nur dann auf einem niedrigen Schemel, während sie Rundbriefe in Umschläge steckten und Briefmarken aufklebten, hatten sie stets auf der Hut vor einem Eintretenden sein müssen. Ein flüchtiger Kuss auf den Mund auf der Türschwelle war die letzte Berührung zwischen ihnen gewesen.

Die Wucht des Schmerzes machte, dass sie sich auf die Lehne eines Stuhls stützen musste. Es ist nur das Pathos, das allen Abschieden innewohnt, sagte sie sich, ein ganz normales Gefühl. Sie ging auf ihr Zimmer, um das Erleben in ihrem Tagebuch einer genaueren Untersuchung zu unterziehen.

In den nächsten Tagen wechselten Dumpfheit und Abschiedsschmerz einander in Wellen ab, und sie betrachtete sich mit einigem Erstaunen. Sie hatte den Geschlechtsakt immer für eine überschätzte Sache gehalten. Nun hatte sie zwei Dinge gelernt: Lust dabei zu empfinden war möglich, und darüber hinaus konnte er das Band zwischen zwei Menschen sehr viel stärker werden lassen. Auch Vita schrieb noch von unterwegs einen geradezu verzweifelten Brief, gab zu, Virginia habe ihre übliche Unnahbarkeit zu etwas Unmöglichem degradiert und all ihre Schutzwälle durchbrochen. Gleichzeitig glaubte sie, solche Mauern manchmal noch bei Virginia zu spüren, denn sie würde doch Dinge wie

Begehren und Vermissen in exquisite Sätze kleiden und ihnen dadurch etwas von ihrer Wahrhaftigkeit nehmen, wenn sie sie denn überhaupt fühlte.

Das Erste schmeichelte, das Zweite schmerzte. Kannte Vita sie denn immer noch nicht besser? Oder sprach nur die Unsicherheit aus ihr? Denn immer, immer versuchte sie ihr doch zu sagen, was sie fühlte. Wie unverblümt konnte sie noch sein? Vielleicht so: *Ja, ich vermisse dich.* Und am Ende des Briefes erinnerte sie Vita daran, den obersten Knopf ihres Jerseys zu öffnen, damit sie sich wieder an das lebhafte Eichhörnchen in ihrem Ausschnitt erinnerte.

In den folgenden Wochen schrieben sie sich regelmäßig, vergewisserten sich einander, und während Vita über Deutschland und Italien nach Ägypten reiste, wo sie einen Zwischenstopp einlegte und die Entdeckung zweier neuer Kammern im Grab von Tutanchamun miterlebte, bis sie schließlich nach Irak und Kurdistan aufbrach und, vom Fieber heimgesucht, den Indischen Ozean überquerte und nach Bombay fuhr, weiterhin lange Briefe mit Beschreibungen und Reiseanekdoten schreibend, wandte Virginia sich nach innen und nahm die Arbeit an *Die Fahrt zum Leuchtturm* wieder auf, dessen erster Teil wenig verklausuliert ihre eigenen Kindheitssommer widerspiegelte: die ganze Familie Stephen in ihrer Sommerresidenz Talland House in St. Ives, mit zahlreichen Gästen, verfrachtet als Familie Ramsay auf die Insel Skye.

Neben dem Offensichtlichen, der Dynamik zwischenmenschlicher Beziehungen, wollte sie darin das Vergehen von Zeit und die Art untersuchen, wie Wahrnehmungsprozesse, insbesondere das Sehen, Einfluss auf das Denken nahmen. Sie beobachtete dazu sich selbst, ihre Reaktionen auf Gesehenes. Wie viel davon dem Denkenden normalerweise nie bewusst wurde! Das Schreiben fiel ihr leicht, jeden Morgen schaffte sie ihre zwei Seiten, und das mit großer Freude. Plötzlich fand sie Gefallen an Ausschmückung, Weitschweifigkeit, zog sie der knappen, präzisen Darstellung vor. Hatte etwa Vita, die Teufelin, sie angesteckt?

Fast alles machte ihr in jenen Wochen Freude, denn neben der zehrenden Sehnsucht schwamm sie auch immer noch auf der erregenden Welle der Nacht auf Long Barn. Dennoch spitzten immer wieder Tage großer Niedergedrücktheit hervor, verbunden mit dem bekannten elenden Kopfschmerz, mit einer Rastlosigkeit, die nach etwas Besonderem im Leben suchen wollte, auf das man die Hand legen und sagen konnte: »Das ist es.« Und dann ging sie eines Abends durch den Russell Square und sah die Wolken am Himmel, aufgetürmt wie Berge, daneben den Mond, und plötzlich war es eine Landschaft in Persien, und in ihr Herz sickerte das große und erstaunliche Empfinden, dass sich womöglich dort dasjenige befand, was »es« war.

Doch *Die Fahrt zum Leuchtturm* handelte von ihrer Mutter, nicht von Vita, obwohl sie manchmal Ähnlichkeiten wahrnahm, immer dann, wenn Vita gerade nicht mütterlich, nicht nahbar war, sondern sich entzog. Denn so wie sie sich nun nach Vita verzehrte, hatte sie es auch nach ihrer Mutter getan. Diese hatte sich aufgerieben in der traditionell viktorianischen Frauenrolle, zwischen der Fürsorge für ihren Mann, der, ohne je an ihre Bedürfnisse zu denken, immer nur forderte und forderte, der Organisation des Haushalts und ihren Diensten für andere, junge Menschen, die sie zu fördern gedachte, und die Armen, die Kranken in den Arbeitshäusern. Zeit für die eigenen Kinder war da kaum geblieben. Virginia war dreizehn gewesen, als die Mutter einer Grippeerkrankung erlag, doch verlassen hatte Julia Stephen sie nie. In gewisser Weise wurde sie von ihr, dem Hadern mit dem Leben, das sie geführt hatte, verfolgt, konnte ihre Stimme hören, sah oft vor sich, was sie tat und sagte, während sie selbst ihren Alltagsverrichtungen nachging.

Auch den Charakter ihres selbstsüchtigen und in Wahrheit schwachen, von seinem Vermächtnis besessenen Vaters wollte sie in dem Buch vollständig ausbreiten, er würde das offensichtliche Zentrum des Romans bilden. Dazu würde sie die gleiche Technik wie in *Mrs Dalloway* anwenden, ihn durch die Gedanken seiner Frau oder die Beobachtungen von Lily Briscoe, der jungen, zu Anfang noch selbstunsicheren Malerin charakterisieren.

Am 17. April beendete sie den ersten Teil und begann am Tag darauf gleich mit dem zweiten, wohl wissend, dass es der schwierigste Part des ganzen Romans sein würde, der abstrakteste. Hier musste sie den Lauf der Zeit verdeutlichen, denn er bildete den Korridor zwischen zwei Blöcken, der zehn Jahre überbrückte, die Zeit des Weltkriegs und des Tods der Mutter, die Zeit, die die Familie Ramsay benötigen würde, um wieder auf die Insel zurückzukehren und die damals versprochene Fahrt zum Leuchtturm doch noch anzutreten. Dazu kehrte sie als Autorin in das leere Sommerhaus zurück, gesichts- und augenlos, ohne etwas, an dem sich Halt finden ließe. Es galt, das Leben darzustellen, wenn niemand daran teilhatte. Und doch flossen auch hier gleich zwei Seiten wie von selbst aufs Papier. Es kam ihr wie der Beweis dafür vor, dass sie den richtigen Weg eingeschlagen hatte, und nur kurz zuckte in ihr auf, dass John Murry der Meinung war, ihre Werke seien etwas, das schon in zehn Jahren niemand mehr lesen würde. Aber nun, die Neuauflage ihres ersten Romans *Die Fahrt hinaus* hatte sie gerade erreicht und strafte ihn Lügen. Mehr als vier Jahre hatte sie damals daran gearbeitet, fleißig geweint, das Manuskript fünfmal komplett neu geschrieben, dunkle Erinnerungen waren mit der Zeit vor der Veröffentlichung verknüpft, aber – nimm das, Murry! – das Buch ging damit nun bereits ins elfte Jahr.

Wenn etwas sie in dieser Zeit wirklich irritierte, waren es die Verpflichtungen des häuslichen Alltags, das Bestellen von Haushaltswaren im Laden und etliche Einladungen zum Dinner, die sie nachts hochschrecken und ein Schlafmittel nehmen ließen, weil die Vorstellung, einen neuen Hut aussuchen zu müssen, ihr Albträume bescherte. Dinge veränderten sich. Monk's House bekam ein Bad, heißes Wasser und zwei Wasserklosetts, *Mrs Dalloway*, *Der gewöhnliche Leser* und *Verführer in Ecuador* sei Dank, und Leonard kündigte endlich bei der *Nation*.

So verflog die Zeit. Es kam der 16. Mai. Vita kehrte zurück.

*

Das erste Wiedersehen indes missglückte. Sie hatte Vita die Tür öffnen wollen, doch Leonard kam ihr zuvor. Die Gespräche beim Lunch waren gestelzt, das Übergeben der Mitbringsel verschämt. Als sie zu zweit im Wohnzimmer saßen, plapperte Virginia vor Aufregung viel zu viel, um Vitas Schweigsamkeit auszugleichen. Sie wirkte reifer, aber auch ein wenig verwildert, litt vielleicht noch unter den Strapazen der Rückreise, die sich abenteuerlich gestaltet hatte, denn sie war über Russland und Moskau nach Polen gefahren, und in Warschau hatte es einen Staatsstreich gegeben.

Was für ein Schock ein Wiedersehen nach langer Zeit sein konnte, wie desillusioniert sie von Vitas wirklichem gegenüber dem imaginierten Körper war. Und neben dieser Erschütterung lauerte die Furcht, von Vita auf die gleiche Weise wahrgenommen zu werden.

Virginia hoffte auf die Wiederkehr der alten Vertrautheit, doch in den nächsten Wochen sahen sie einander nicht wieder. Zunächst war Vita erkältet, dann diagnostizierte ihre Ärztin bei Virginia nervöse Erschöpfung. Kein Wunder, bei der Arbeitslast, die sie sich auferlegt hatte, sagte Leonard, sagten alle. Doch sie war auch enttäuscht. Zu Beginn des Jahres war alles so glühend wegen Vita gewesen, während ihrer Abwesenheit hätte der Draht über ihre Briefe weitergeglommen, und jetzt, was jetzt? War es schon vorbei?

14. UND 15. JUNI 1926
MONK'S HOUSE, RODMELL,
LEWES, EAST SUSSEX

»Am Tag der Krönung von Reza Khan war ganz Teheran bis zur Unkenntlichkeit herausgeputzt«, sagte Vita.

Bei angenehmen einundzwanzig Grad saß sie mit Virginia und Leonard, der ihr vorhin gleich gezeigt hatte, wo er die jetzt bereits verblühten Krokusse gesetzt hatte, in deren Garten beim Tee. Fingerhut, Rosen und Taglilien standen in voller Blüte, auch die Rhododendren sahen noch prächtig aus. Später würde Leonard nach London zurückfahren, und Virginia und sie würden nun endlich zwei Nächte für sich haben.

»Als ich, selbst in großer Abendgarderobe und mit meinem Collier aus Smaragden um den Hals, den Thronsaal betrat, kam ich mir ein wenig wie die beste Freundin der Braut vor, die sie bis kurz vor der Zeremonie noch aufgelöst in Unterhemd und mit wirrem Haar gesehen hat.«

Mit den Reiseanekdoten ließ sich ihre Unsicherheit vorerst gut überspielen. Bisher hatte sie Virginia kaum in die Augen schauen können, weil die Entfernung die alte Ehrfurcht vor ihr wieder hatte anwachsen lassen. Und ja, auch weil sie Dottie während der Reise einige Male nähergekommen war als beabsichtigt. Doch es war nur aus sentimentaler Gewohnheit geschehen, es hatte keine Bedeutung.

»Der Saal war mir ein persönliches Anliegen, schließlich hatte ich mitgeholfen, die Farben für seinen Neuanstrich und die Dekoration auszusuchen, und die Arbeiten immer wieder begutachtet. Die Perser wollten zu allem die Meinung ihrer, wie sie es nannten, englischen Freunde wissen, bestellten englisches Glas und Porzellan und kleideten die Palastbediensteten, die sonst fleckige blaue Gewänder trugen, am Krönungstag in rote Livreen, wie sie auch die Bediensteten der englischen Delegation trugen.

An diesem Tag nun waren auch die Müll- und Schuttberge fort, alle Risse im Mauerwerk geschlossen und das neue Pfirsichorange der Wände ohne Feuchtigkeitsflecken und mit Bannern geschmückt. Im Raum dominierten Brokat, Samt und Orangenblüte. Die Würdenträger drängten sich, alles lief glatt und viel besser als erwartet.« Sie berichtete noch ein wenig vom Ablauf der Krönung, dann kam sie zur eigentlichen Anekdote. »Als wir nach der Feier zurück in die Botschaft fuhren, fiel Harold auf, dass der Solitär, der größte Stein aus meinem Collier, fehlte. Wir fuhren sofort zurück. Im Thronsaal kroch der Premierminister gerade auf Knien um den mit etlichen Tausend Juwelen nur so übersäten Pfauenthron herum, in der Hand meinen Smaragd. Er glaubte, der Stein wäre dort herausgefallen, und Harold rief ihm belustigt zu: ›Exzellenz, dieser Smaragd gehört nicht an den Thron, sondern an meine Frau!‹«

»Eigentlich klingt das doch«, meinte Leonard, »als hätten die diplomatischen Gattinnenpflichten Ihnen Freude bereitet.«

»Ganz und gar nicht!«, sagte Vita nachdrücklich. »Die Beaufsichtigung der Saalarbeiten war eine rühmliche Ausnahme. Aber in die Weite und Kargheit des persischen Hochlands habe ich mich verliebt, das steht fest. Es ist ein Land, in dem man Einsamkeit genießen darf, in dem man die Erhabenheit, die in ihr liegt, verstanden hat.«

»Einsamkeit ist die letzte Zuflucht der Zivilisierten, der einzige Ort, an dem unsere zerknitterten, zersetzten Seelen sich noch entfalten können. Aber was wird dann aus Freundschaft, Liebe, Intimität?« Virginia stellte ihre Tasse mit vernehmlichem Klirren ab. »Bevor du wieder im Nirgendwo verschwindest, beglückst du uns doch noch eine Weile mit deiner Anwesenheit und den Verlag hoffentlich auch mit deinem Reisebericht?«

»Natürlich. Mit dem Bericht habe ich unterwegs schon begonnen und möchte alle Stationen meiner Reise genau abbilden. Ich werde das Buch darum *Eine Frau unterwegs nach Teheran* nennen.«

»Wir würden es gern noch in diesem Jahr herausbringen«, sagte Leonard.

Sie reckte sich gelassen. »Dann werde ich wohl im Urlaub mit den Kindern daran schreiben müssen, aber ich bin ja nichts anderes gewohnt.«

Sie lachten, dann wechselte sie das Thema und erzählte von ihrer Hündin Pippin, die gerade erneut geworfen hatte. Leonard sollte also endlich den versprochenen Welpen bekommen, zumal die arme Grizzle ihren Zenit längst überschritten hatte. Bald gingen sie ins Haus, und dort brachte Virginia Leonard dazu, noch einmal nach oben zu laufen und die Spülung im Klosett zu betätigen, so wie Virginia selbst es gleich nach ihrer Ankunft getan hatte. Beide waren sehr stolz auf diese Neuerung im Haus.

»Hörst du, Vita, hörst du? Alles nur für dich«, scherzte Virginia, »und morgen früh kannst du sogar kochend heiß baden!«

Schließlich verabschiedete sich Leonard. Sie waren allein, setzten sich später noch einmal in den Garten, genossen den lauen Abend, tranken den Alella und aßen die Cognac-Kirschen, die Vita mitgebracht hatte.

»Unterwegs habe ich *The Land* noch ein paarmal umgearbeitet, ich denke, jetzt ist es so gut wie fertig«, erzählte sie Virginia, während sie ein paar Mücken wegzuwedeln versuchte.

Diese sah sie ernst an. »Du musst es mir noch einmal zu lesen geben. Ich hatte es damals nur überflogen, ich lese maschinengeschriebene Seiten einfach nicht gern. Meine Kritik war sicher zu hart.«

»Nein, nein«, beschwichtigte sie, obwohl es stimmte, dass Virginias Bemerkungen ihr eigenes Schreiben für eine Weile gelähmt hatten, weil gerade dieses Langgedicht ihr wichtiger als alles war, was sie bisher verfasst hatte. »Ich habe geändert, was du bemängelt hast, denn natürlich hattest du recht. Weißt du, es mag mich manchmal traurig machen, wenn ich deine Arbeiten lese und weiß, dass ich niemals werde so schreiben können wie du. Es ist, als würde ich einem Zauberer zusehen, hinter dessen Tricks zu kommen unmöglich ist. Aber meist ermutigt es mich, dass überhaupt jemand etwas so Schönes zustande bringen kann.«

Virginia lehnte sich an sie. »Vergiss nicht, ich habe dir auch geschrieben, dass man sich von deinem Gedicht Brocken abbrechen und genüsslich daran saugen kann. Es ist gut. Ich wette mit dir, du wirst den Hawthornden-Preis dafür bekommen.«

»Ha!« Vita erschlug eine Mücke auf ihrem Arm. »Das glaube ich erst, wenn es so weit ist.«

In dieser Nacht schliefen sie wieder miteinander, und von da an war der Bann gebrochen. Den ganzen nächsten Morgen schnurrte Virginia wie eine Katze, und als sie gemeinsam am Tisch saßen, Virginia an einem Stuhlkissen stickend, während sie selbst an Harold schrieb, unterbrach sie sie dann und wann und sagte: »Richte Harold bitte aus, er möchte den diplomatischen Dienst endlich aufgeben und eine feste Stellung in England annehmen.« Oder: »Du hast genug geschrieben. Lass uns lieber über Beischlaf reden.« Was hätte sie da tun sollen, außer gehorchen?

*

Nach dem Besuch bei Virginia fuhr Vita für ein Wochenende nach Sherfield Court zu Dottie, die eine Gesellschaft über mehrere Tage gab. Clive Bell war einer der Gäste, und nachdem er am ersten Abend äußerst spröde gewesen war, gab er sich am nächsten Tag überaus nett und bat sie nach dem Dinner – der Abend war dunstig, aber warm –, ein paar Schritte um den Wassergraben mit ihm zu spazieren. Sie hätte skeptisch werden und seine Hinterlist erkennen müssen, als er über Virginias allgemeinen Mangel an Gefühlsreaktionen zu sinnieren begann, um sie damit zu ihrer Verteidigung zu provozieren und so die Gerüchte, die offenbar schon umgingen, bestätigt zu finden. Mit Virginia hatte sie sich darauf geeinigt, Stillschweigen über ihre Beziehung zu wahren, doch Clive schlug Breschen in die vereinbarte Festung der Diskretion, sie ging in die Falle, machte sich eifrig daran, seine Behauptungen zu entkräften.

Später, betrunken, lief er ihr immer wieder nach, brüllte indiskrete Fragen, sodass jeder es hörte. Ob sie denn schon mit Virginia im Bett gewesen sei? Falls nicht, ob denn bald eine Verführung anstehe? Und falls auch das nicht, ob sie denn nicht wenigstens finde, es wäre höchste Zeit, dass Virginia sich verliebe? Sie verneinte alles vehement, war sich aber sicher, spätestens von nun an würden Virginia und sie fester Bestandteil des allgemeinen Tratsches werden.

Virginia zeigte sich davon allerdings ziemlich unbeeindruckt, und auch wenn Harold trotz seiner Aussage, sie beide, Virginia und Vita, täten einander gut, befürchtete, sie könnte die Ehe der Woolfs in das Wirrwarr verwandeln, das für ihre Beziehungen typisch war – er verglich sie gern mit einem Benzintank, über dem man rauchte –, beschloss Vita, es der Freundin gleichzutun.

Virginia war erleichtert. Zwischen ihr und Vita stand es wieder gut. In den nächsten Wochen trafen sie sich häufiger, gingen in London aus, ins Ballett und Ende Juni auch zu einer avantgardistischen Präsentation der Gedichte von Edith Sitwell und deren Brüdern Osbert und Sacheverell. Roger Fry hatte sie 1915 porträtiert, sie selbst hatte bereits einen Gedichtband von Sitwell besprochen und fand sie auch als Person sehr interessant; in jedem Fall war sie eine Pionierin, hatte keine Furcht, in ihrer Kunst etwas zu wagen.

Vor der Vorstellung war sie mit Vita noch auf einen Kaffee im The Eiffel Tower verabredet, dem Lieblingsrestaurant aller Künstler, und trug dazu ihr neuestes Kleid. Vor wenigen Wochen hatte sie für die *Vogue* in einem Kleid ihrer Mutter posiert, sich dabei sehr unwohl gefühlt und die Fotos kaum ansehen können. Aber die Herausgeberin Dorothy Todd und ihre Assistentin hatten es sich persönlich zur Aufgabe gemacht, sie für Mode zu begeistern, und waren mit ihr einkaufen gegangen. Wie immer eine Qual, aber sie hatte sich einfach Todds Geschmack und ihrer Kenntnis überlassen. Entsprechend modern war das Kleid, orange und schwarz, gewagt geschnitten, mit einem schwarzen Strohzylinder und zwei orangefarbenen Federn daran. Erstaunlicherweise fühlte sie sich in dieser Kreation wohl und fand auch, dass sie sie kleidete.

Vita machte große Augen. »*Oh là, là, très chic, mon amour!*« Aber war da nicht auch ein Stirnrunzeln gewesen, ein skeptischer Blick?

Bald dachte sie nicht mehr daran, denn sie waren so ins Gespräch vertieft, dass sie sogar die Zeit vergaßen und schließlich zu spät bei den Chenil Galleries in Chelsea ankamen. Man führte sie zu Plätzen in der hintersten Reihe, doch das gefiel ihr nicht.

»Verstehst du auch nur irgendein Wort?«, fragte sie Vita.

Die zuckte mit den Schultern. »Ich glaube nicht. Aber vielleicht soll das ja so sein?«

Virginia konnte ihr ansehen, dass die Vorführung für Vita ein einziges Rätsel war, schließlich war sie Traditionalistin, deren Gedichte gegen die Moderne mehr oder weniger immun waren und kaum Neuland betraten. Über die Bühne war ein Vorhang gespannt, in dem sich ein Loch befand, durch das ein Megafon gesteckt wurde. Dahinter stand Edith Sitwell und rezitierte, untermalt von dem als Begleitung der Texte komponierten Stück »Façade« von William Walton, ihre Gedichte, von denen jedoch nur Wortfetzen bis in die letzten Reihen gelangten.

»Vorn sind noch freie Plätze, komm«, sagte sie in der Pause zu Vita und schob sie vor sich her. Sie musste über Vita lachen, weil diese alle Wut der Umstehenden einstecken musste und sich empörte. Schließlich entdeckte Sacheverell sie und geleitete sie nach vorn.

»Was für ein Publikum! Ausschließlich langhaarige Männer und kurzhaarige Frauen«, zischte Vita, als sie wieder saßen. »Und an den Wänden eine Ausstellung von Augustus Johns Bildern, das ist mir unbegreiflich!«

»Im *Spectator* stand, dass er Anfang Mai von der ersten Aufführung hier sehr beeindruckt war«, erklärte Virginia.

Ihre Liebste schüttelte nur den Kopf, und Virginia hätte zu gern einen Kuss auf ihre Schlüsselbeine gehaucht.

Nun verstanden sie die Texte besser, lachten gemeinsam mit dem Publikum, rückten so nah zusammen wie möglich und erlebten einen unbeschwerten Abend.

Auf dem Weg zurück nach Bloomsbury, es war erst halb elf, fuhren sie durch den Hydepark, durch Mayfair und die Regent Street und sahen Vanessa am Gordon Square die Straße entlanglaufen, einen schlichten schwarzen Hut auf dem Kopf, an den Virginia bald zurückdenken würde, gabelten Duncan auf, den Nessa noch im Wirtshaus geglaubt hatte, und fanden sich schließlich alle bei Clive ein, wo der Wermut in Strömen floss und von den kredenzten gekochten Eiern nur unzureichend aufgesogen wurde. Die Unterhaltungen wurden ihr bald zu vulgär, aber Vita amüsierte sich köstlich.

Und dann beschloss Clive, Virginia in die Zange zu nehmen. »Was zum Teufel ist das eigentlich für ein erstaunlicher Hut, den du da trägst? Wo kommt der her?«

»Vom Himmel gefallen«, antwortete sie alarmiert und versuchte, das Thema zu wechseln. »Was sagst du eigentlich zu ›Façade‹? Überschätzt oder, um mit Siegfried Sassoon zu sprechen, zu einfallsreich für Dummköpfe?« Doch nein, sie war schon der Hase in Clives Falle.

»Nichts könnte mir gleichgültiger sein, Virginia, wenn ich stattdessen erfahren kann, wo meine sonst in Sack und Asche gekleidete Schwägerin ein solches Stück Haute Couture herhat! Nicht dass du noch genauso extravagant wie die Sitwell wirst! Hat etwa Mary dir dieses Ding ausgesucht?«

Virginia wand sich innerlich. »Nein, Dorothy Todd war es!«

»Oh«, grölte er. »Dann ist also die *Vogue* dafür verantwortlich, dass du mit Merkurs Flügelhelm herumläufst! Und dieses Kleid!«

Alle lachten, auch Vita. Auch Vita! Fast noch schlimmer als das war deren Kehrtwende in Richtung Mitleid, als sie Virginia eher halbherzig zu verteidigen begann. Nie hatte sie sich so gedemütigt gefühlt! Doch um nichts in der Welt wollte sie das zeigen, also machte sie einfach weiter, als wäre nichts Furchtbares geschehen, wand sich sehr gezwungen aus der Situation und lachte und redete danach zu viel.

Nachts um halb eins fuhr Vita mit Clive noch weiter zu einer Gesellschaft von Sibyl Colefax und amüsierte sich, während Virginia sich im Bett wälzte, so unglücklich und gekränkt wie in den letzten zehn Jahren nicht mehr, selbst in ihren Träumen noch von dem Vorfall verfolgt. Warum hatte Vita sie im Stich gelassen, warum hatte sie sich nicht auf ihre Seite gestellt?

*

Ihre Zweifel wegen des Kleids erledigten sich rasch, denn schon am nächsten Tag zog sie es aus Trotz wieder an und begegnete zufällig ihrem Schwager Clive und Mary. Mary verstand im Gegensatz zu ihrem Geliebten, der heute sehr viel kleinlauter war, etwas von Mode und lobte das Kleid über alle Maßen.

Die Angelegenheit mit Vita verhielt sich etwas anders, auch wenn Virginia inzwischen klar war, dass sie deren beschwipstem Gelächter nur ihrer eigenen Unsicherheit wegen so viel Bedeutung beigemessen hatte. Virginia hätte sie gern weiterhin öfter gesehen, doch immer schien Vita vereinnahmt von ehemaligen Geliebten, Freundinnen, ihrer kranken Mutter, einem vergifteten Hund oder jungen Männern, die ihr den Hof machten. Vita war kein Mensch, den man länger als eine kurze Weile für sich allein haben konnte, sie war umschwärmt, und sie war so empfänglich für die Liebe! Es wäre also dumm zu glauben, Vita könnte ihr je ganz gehören, sagte Virginia sich, denn schließlich wäre ja auch sie nicht bereit, Leonard zu verlassen, um mit ihr zu leben, oder doch? Sie bemühte sich jedenfalls, bis auf ein paar an Vita gerichtete Spitzen, nicht zu eifersüchtig zu wirken – oder wenigstens nicht so verzweifelt. Aber heimlich, heimlich, da ließ es sich den dunklen Gedanken nachhängen ohne Maß.

Ende Juli, endlich!, verbrachte sie dann wenigstens eine Nacht bei Vita auf Long Barn. Es wurde ein sehr intimer Abend anderer Art. Sie saßen auf dem Sofa im Wohnzimmer, und Vita zeigte ihr Havelock Ellis' Hauptwerk, die siebenbändigen *Sexual-Psychologischen Studien*. Der Band mit dem Titel »Die Homosexualität« schien ihr beinahe eine Art Bibel geworden zu sein.

»Seiner Theorie nach«, erzählte Vita, »sind alle Homosexuellen sexuell Invertierte. Das heißt, jemand sieht äußerlich weiblich aus, fühlt sich aber innerlich dem anatomischen männlichen Geschlecht zugehörig und umgekehrt. Und das ist angeboren, also keine Entscheidung, die sich bewusst treffen oder vermeiden lässt. Darum dürfe man Menschen, die so sind, nicht verurteilen, sagt er.« Während sie erzählte, fächerte sie wie in Gedanken versunken die Seiten des Buches immer wieder auf. Zahlreiche Markierungen waren darin zu erkennen. »Wünsche nach Verkehr mit dem augenscheinlich gleichen Geschlecht nennt er darum latente Heterosexualität und Bisexualität wiederum einen psychosexuellen Hermaphroditismus. Es ist grandios.«

Virginia war ein wenig verwirrt, aber auch interessiert. »Sobald ich den *Leuchtturm* fertig habe, werde ich Ellis lesen«, versprach sie und seufzte plötzlich, ohne zu wissen, warum.

»Es ist ein sehr persönliches Buch, hast du erzählt«, sagte Vita und klopfte mit beiden Händen auf ihren Schoß, bot ihr an, sich hinzulegen und ihren Kopf darauf zu betten. »Kindheitserinnerungen und so weiter. Das muss sicher schwer sein.«

Eigentlich wollte sie das verneinen, wollte Vita lieber von dem Gefühl berichten, sich damit von etwas lange Schwelendem frei zu machen, doch plötzlich, wieder ohne zu wissen, warum, vertraute sie ihr an, wie groß ihre Angst davor war, wieder verrückt zu werden.

»Jedes Mal wenn dieser bohrende Kopfschmerz wiederkommt, fürchte ich, es geht bald von vorne los.« Vita sah sie aufmerksam und liebevoll an. Eine Ermutigung weiterzusprechen. »Dreimal in meinem Leben hatte ich schon diese furchtbaren Phasen totalen psychischen Verfalls, den recht zahmen in der Kindheit nicht mitgezählt. Das erste Mal geschah es nach dem Tod meiner Mutter 1895, das zweite Mal im Sommer 1904 – die Zeit dazwischen bezeichne ich üblicherweise als meine unglücklichen Jahre.« Virginia überlegte, Vita zu erzählen, was sie selbst erst sehr viel später erfahren hatte: In jenem Sommer war ihre Schwester zu Doktor Savage, dem Familienarzt, gegangen und hatte ihm von Georges unangemessenen Übergriffen berichtet, die Nessa für die wahre Ursache ihres Zustands hielt, während alle anderen dachten, der Tod ihres Vaters im Februar desselben Jahres wäre verantwortlich. Der Arzt hatte George daraufhin ins Gewissen geredet – allerdings ohne Erfolg. Vor George gerettet hatte die Stephen-Schwestern erst dessen Heirat. Aber nein, das war eine Geschichte für ein anderes Mal. »Dann wurde es 1914 wieder ganz furchtbar. Ich habe Stimmen gehört. Die Vögel vor meinem Fenster sprachen Griechisch miteinander.« Das zuzugeben, war ihr unsagbar peinlich, aber sie vertraute Vita, und wie erhofft lachte sie nicht, sondern nahm mitfühlend ihre Hand. »Erst sprudelte alles in mir über, dann fühlte ich rein gar nichts mehr. Du weißt ja gar nicht, was der arme Leonard mitgemacht hat, wie ich ihn angeschrien und beschimpft habe, über Wochen nicht sehen wollte. Ich wollte nicht essen, musste dazu gezwungen werden. Eine Mahlzeit konnte zwei Stunden dauern. Mehrere Krankenschwestern mussten mich Tag und Nacht beaufsichtigen, und auch sie hatten zu leiden. Leonard führte Buch über mein Befinden.«

»Es klingt grauenvoll, was du durchmachen musstest. Ich bin so froh, dass du das überstanden hast. Du bist stark, *mon amour*.« Vita küsste ihre Handfläche und schmiegte ihre Wange hinein.

Virginia musste lächeln. »Du Liebe. Sehr lange Zeit war ich es nicht.«

Ihre beiden Suizidversuche erwähnte sie nicht, an diesem Punkt war die Grenze ihrer Scham erreicht. 1895 hatte sie sich aus den Armen der Schwestern gewunden und sich unüberlegt aus dem Fenster gestürzt, was wegen der niedrigen Höhe jedoch weitgehend folgenlos geblieben war. Beinahe geglückt wäre allerdings der zweite Versuch 1915, bei dem sie eine Überdosis Veronal genommen hatte. Einmal nur vergaß Leonard, die Tasche, in der er die Tabletten verwahrte, abzuschließen, und als er fort war, holte sie sie sich und nahm sie ohne Zögern. Man hatte sie bewusstlos gefunden, der Magen war ihr ausgepumpt worden. Zwei Tage Koma, aber sie hatte überlebt.

Nach einer sehr kurzen Nacht suchte Vita am nächsten Morgen nach dem Frühstück den Welpen aus, der ihrer Meinung nach am besten zu Leonard passen würde. Dann fuhren sie zu dritt nach Rodmell. Kaum war Virginia über die Schwelle zu Monk's House getreten, da flossen plötzlich alle Farben aus der Welt und alle Kraft aus ihr. Die Umgebung erschien ihr surreal, selbst ihr eigener Körper. Alle waren furchtbar besorgt, und sie musste sich hinlegen. Als hätte sie es geahnt oder vielleicht sogar beschworen – eine sich selbst erfüllende Prophezeiung –, erlitt sie einen Zusammenbruch, doch glücklicherweise keinen sehr schweren.

In den nächsten Tagen wollte sie nichts als Ruhe, verbrachte ihre Zeit im Bett oder auf dem Liegestuhl an der frischen Luft. Sie konnte nicht schreiben, nicht lesen, oft nicht einmal sprechen. Wie auch, mit Fingern, Lidern und einer Zunge aus Blei? Angst wühlte in ihren Eingeweiden, doch nach fünf Tagen ging es ihr plötzlich – welche Erleichterung! – wieder etwas besser, und sofort versuchte sie, die Ursache für den psychischen Einbruch zu finden.

Hatten ihr die Gespräche über Sapphismus zugesetzt? Sie hatte sich selbst nie als lesbisch empfunden, eher als vollkommen asexuell. Die Zuneigung zu Frauen war ihr immer als etwas erschienen, das einerseits anders war als das, was sie in Vitas ehemaligen Freundinnen erkannte, und andererseits als etwas, das nicht hinterfragt werden musste, sondern selbstverständlich war. Sollte sie sich nun wirklich mit Inversion beschäftigen? Oder mochte die lebhafte Erinnerung an den Wahnsinn ihrer frühen und dann nicht mehr ganz so frühen Tage ihren Geist in Mitleidenschaft gezogen haben? Vielleicht trug auch bloß ihr Ärger darüber die Schuld, dass Vita in einem Nebensatz angekündigt hatte, ganze vierzehn Tage bei Dottie zu verbringen, unerreichbar für sie? Möglicherweise hatte sie sich nur wieder zu sehr angestrengt. Oder, ha, es verhielt sich mit diesen Anfällen wie mit der Inversion, sie waren naturgegeben und somit nicht aufhalt- oder kontrollierbar. Gründe über Gründe. Virginia entschied, vorerst keiner der Erklärungen den Vorzug zu geben, womöglich gab es schlichtweg keine. Sie blieb den ganzen restlichen Sommer und auch im Herbst anfällig für Phasen der Depression und Kraftlosigkeit.

Besonders im August kam sie dennoch gut mit dem Schreiben voran, während Vita mit ihren Kindern Wochen bei Dottie verbrachte, die Zeit aber nicht uneingeschränkt genießen konnte, weil sie sieben Stunden am Tag an *Eine Frau unterwegs nach Teheran* schreiben musste und sie deshalb eine Sklaventreiberin schimpfte. Virginia bemühte sich um den gleichen Sarkasmus und betonte die finanzielle Notwendigkeit von Vitas Buch, da die kleine Spanielhündin nicht nur ihren Rock zerbissen, sondern auch Leonards Druckfahnen zerfetzt und dem Teppich jeden nur erdenklichen Schaden zugefügt hatte.

In Wahrheit war es herzerwärmend, Leonard mit der Hündin zu sehen, er war vollkommen verliebt in das kleine Wesen und sagte doch allen Ernstes, sie bringe ihn dazu, an Gott zu glauben. Das alles noch, nachdem sie an einem Tag fünfmal ins Haus gemacht hatte.

Vita machte sich weiterhin rar, Ende August fuhr sie mit Dottie, deren Kindern, den eigenen und ihrer Zofe in die Normandie. Den wahren Grund dafür verschwieg sie Virginia. Sie ging auf Abstand zu ihr, weil sie sich nochmals mit Harold über ihre Beziehung zu Virginia beraten und er erneut seine Besorgnis geäußert hatte. Und nach Virginias Beichte auf Long Barn hatte sie trotz ihres Glaubens an Virginias Rationalität entsetzliche Angst, sich an einem neuen Ausbruch ihrer Geisteskrankheit schuldig zu machen.

Nichts von alldem ahnend, beendete Virginia Mitte September die erste Fassung von *Die Fahrt zum Leuchtturm* und fiel gleichzeitig in eine tiefe Krise.

Mehr als einmal schreckte sie mitten in der Nacht hoch, einem Schwall an Assoziationen ausgeliefert, zu keinem klaren Gedanken fähig: Oh, es fing an, es kam, das Grauen – eine Welle, körperlich schmerzhaft, die um das Herz herum anschwoll und sie emporriss. Wie unglücklich sie war! Guter Gott, sie wünschte wirklich, sie wäre tot. Doch warum fühlte sie so? Also analysieren, beobachten, wie die nächste Welle anstieg. Vanessa.

Die Kinder. Scheitern. Versagen. Die Welle hob sich. Oh, wie sie über ihre Vorliebe für grüne Wandfarbe gelacht hatten, über ihr neues Kleid! Die Welle brach zusammen. Wie gut es wäre, tot zu sein, sie konnte diese Gemütszustände einfach nicht mehr ertragen.

So ging es immer weiter, bis sie irgendwann Luft schnappen und sich zusammenreißen konnte, so leidenschaftslos wie möglich – das hier ist alles nicht wichtig –, bis sie dagegen angehen und schließlich, was für eine Gnade, einschlafen konnte.

Doch dann, beim Aufwachen – der neue Tag war angebrochen, Zeit zum Aufstehen! –, wollte die Welle wieder aufsteigen, und sie konnte nur hoffen, dass das Licht sie rasch zurückdrängte, denn sie hörte schon Leonard auf dem Flur und musste Heiterkeit simulieren. Durchatmen. Mit etwas Glück würde sich dieses Gefühl nach dem Frühstück halbwegs echt anfühlen.

6. UND 7. NOVEMBER 1926
LONG BARN, SEVENOAKS, KENT

»Im nächsten Jahr werde ich ein eigenes Konto haben«, sagte Virginia verschwörerisch und schlug kokett die Beine übereinander. »Und verreisen. Und mir ein Auto kaufen!«

Vita saß zu Virginias Füßen und sah zu ihr auf. »So viele Neuigkeiten auf einmal! Und so erstaunliche dazu!«

»Tja, du hast vieles eben nicht mitbekommen.«

Vita verstand die Spitze, beschloss aber, nicht darauf einzugehen, denn heute hatten sie den schönsten Tag seit Langem verbracht. Gestern hatte sie die Woolfs besucht und anschließend mit zu sich genommen. Am Vormittag war es so angenehm warm gewesen, dass sie hatten draußen sitzen können. Die Woolfs hatten Fanny dabei, die sie wohl in Pinker umtaufen wollten, und die kleine Hündin tobte in wilder Freude mit ihrer Wurfschwester über den Rasen. Mittendrin Leonard, dieser seltsame, grimmige, irgendwie einsame Mann, nun aber vollkommen glücklich, während er die Hunde über den Rasen rollte, einen Ball warf oder Nachjagen mit ihnen spielte.

Am Nachmittag waren sie zum Tee nach Knole gefahren und hatten Leonard danach zum Bahnhof gebracht. Virginia würde über Nacht bleiben.

»Es ging mir nicht gut in letzter Zeit«, erklärte sie nun, »und irgendwann habe ich beschlossen, selbstständiger zu werden. Leonard und ich teilen unser verdientes Geld seit jeher, doch was nach allen Ausgaben übrig blieb, kam in einen Topf, aus dem er uns beiden eine Art Taschengeld zuteilte. Aber ich will selbst über Geld verfügen können, zumal wir uns oft nicht einig darüber sind, wofür es ausgegeben werden soll. Ich will von meiner Hälfte Teppiche kaufen, Einrichtungsgegenstände, schöne Dinge.«

Vita steckte eine Cognac-Praline in den Mund. »Wie hat Leonard es denn aufgenommen?«

»Er war gekränkt, glaube ich. Es kam zum Streit, und es flossen Tränen, aber ich gab nicht nach. Nicht weil ich zornig auf ihn war, nein. Es geschah im Interesse der Freiheit, weißt du? Zu viele Frauen machen in Punkten wie diesen einen Rückzieher oder geben sich selbstlos, grämen sich aber insgeheim deswegen.«

»Du bist eben modern in allem, was du tust, meine Liebe«, sagte Vita, erhob sich auf die Knie und gab Virginia einen Kuss.

Den Rest des Abends sprachen sie über *Die Fahrt zum Leuchtturm*, das Virginia gerade beim Abtippen überarbeitete – sie erklärte, wie sie vorging, um den Stoff zu verdichten, und Vita fühlte sich dabei ein wenig, als hielte man ihr Gehirn an einen Schleifstein –, und über *The Land*, das inzwischen mit großem Erfolg veröffentlicht und bei Heinemann erschienen war. Virginia hatte ihr zugeraten, da die Chance auf Wahrnehmung bei ihrem alten Verlag sicher höher sei. Die Kritiker waren voll des Lobes, mit dem auch Virginia nicht sparte, und das tat Vita nach ihrer Kritik sehr wohl.

Virginia mochte an diesem Abend gar nicht aufhören zu reden. Irgendwann gingen sie ins Schlafzimmer, sprachen jedoch auch dort noch bis vier Uhr früh weiter. Dann schliefen sie miteinander, und wieder schaffte Virginia es, dass Vita, entgegen ihren Vorsätzen, ihre Zurückhaltung zum Teufel jagte. Sie hatte geglaubt, mit Virginia wie in ihrer Beziehung zu Harold am besten das platonische Ideal verwirklichen zu können, das doch so viel mehr wert war als die animalischen Gelüste des Verliebtseins. Aber auch davon war sie jetzt kein Jota mehr entfernt.

*

In der nächsten Zeit sahen sie sich wieder häufiger, und Vita begann von nun an, wirklich intime Briefe an Virginia zu schreiben. Sie steckte sie zusammmen mit unverfänglichen Zeilen in einen Umschlag, sodass Virginia Leonard problemlos daraus vorlesen konnte. Ihre Liebste staunte, aber gelernt war gelernt, sie wusste eben, wann kleine Täuschungen vonnöten waren.

SECHS

Das Dunkle im anderen: Entfernung
(März bis September 1927)

*Denn in allem, was sie sagte, so ehrlich und offenherzig
sie auch schien, war etwas verschleiert; in allem,
was sie tat, so kühn sie auch war, lag etwas verborgen.*
Orlando

*Gestern Morgen mochte ich deine spontanen Ausführungen
über Literatur [...]. Es stimmt, dass du intellektuell unendlich
mehr Einfluss auf mich hattest als jeder andere, und allein dafür
liebe ich dich. [...] Ja, meine liebe Virginia, zu der Zeit,
als ich dir begegnete, stand ich an einem Scheideweg [...].*
Vita an Virginia, 29. Januar 1927

*Es wird beständig schlimmer – dein Fortsein. [...]
ich habe mich daran gewöhnt, dich beharrlich, kläglich,
aufrichtig zu begehren – ich hoffe, das freut dich.
Mich, das kann ich dir versichern, freut es verdammt
noch mal gar nicht. [...] Ich will dich an diesem Samstag
mehr als am letzten, und so wird es weitergehen.*
Virginia an Vita, 5. Februar 1927

*Oh, warum hatte ich dich nicht früher, damit du mir sagtest:
»Also, das hier ist bei Weitem nicht gut genug«? [...]
Ja, ich bin froh, dass du mich vermisst, sogar wenn es dich »ver-
dammt noch mal gar nicht freut«. Nach deinem ersten
Brief dachte ich, du vermisst mich überhaupt nicht, und darüber
war ich traurig. Jetzt bin ich wieder sehr zufrieden. Selbstsüchtig,
nicht wahr? Aber auch das werde ich überstehen [...].*
Vita an Virginia, 23. Februar 1927

ℭ

Sollte nicht das Sehnen nach jemandem, der für eine Weile weit fort war, etwas Tröstliches, Hoffnungsfrohes in sich tragen, da sich das zukünftige Wiedersehen bereits mitimaginieren ließ? Wie ein Leuchtturm in klaren Gewässern, schön, sehr weit fort, ruhig? Virginia jedenfalls ging es nur selten so. Sie saß im Souterrain in ihrem Arbeitszimmer am Gasofen über ihren Notizen, vagen Ideen für ein neues Buch, ohne die Seiten wirklich wahrzunehmen. Das Manuskript von *Die Fahrt zum Leuchtturm* hatte sie Mitte Januar endgültig beendet, um gleich darauf noch zwei Tage mit Vita, deren Vater und seiner Geliebten Olive auf Knole zu verbringen und eine letzte schöne Erinnerung vor ihrer Abreise zu schaffen. Sie sah Vita vor sich, in ihrem türkischen Kleid die Galerie entlangschreitend, Kinder und Hunde vor sich hertreibend, vergangene Jahrhunderte illuminierend.

Nein, in Bezug auf Vita hatte die Sehnsucht etwas Verzehrendes, das nicht nur ihrem Fehlen, sondern auch der wochenlangen Ungewissheit über ihr Befinden geschuldet war. Dass sie Abenteuer liebte, war beileibe nichts Neues, doch nun schien Eselin West jeglicher Zivilisation den Rücken kehren zu wollen und war doch tatsächlich mit ihrem Mann und einigen anderen Gentlemen zu einer Expedition in die Bakhtiari-Berge aufgebrochen, auf Mauleseln reitend, um dem Volk der Bachtiaren einen Besuch abzustatten und das Grab Kyros des Großen zu besuchen. Warum nur bestand sie so beharrlich darauf, die Welt beim Schopf zu packen und kräftig durchzuschütteln?

Womöglich war sie bereits zurück, doch das würde Virginia erst Gott weiß wann erfahren. *Hast du die Reise genossen? Bist du erschöpft, wurdest du ertränkt, erschossen, vergewaltigt? Ich gäbe einiges dafür, es zu wissen*, hatte sie ihr geschrieben. Nun gut, andere Ungewissheiten mochten auch eine Rolle spielen. Zwei Tage vor ihrer Abreise hatte Vita spontan Dottie gefragt, ob sie nicht wieder mitkommen wolle, woraufhin diese sich überschlagen hatte, noch rechtzeitig alle Besorgungen zu tätigen. Doch sie war nicht Vitas einzige Reisegenossin, und die Briefe ließen bald darauf schließen, dass Vita von ihren Mitreisenden sehr viel eher genervt als angetan war.

Für Ablenkung gesorgt hatte neben einem weiterhin arbeitsreichen Alltag eine andere Liebesgeschichte: Clive und Mary hatten sich getrennt und sie während dieses quälenden Prozesses wiederholt und ohne es voneinander zu wissen, um Rat gefragt. Theatralisch, wie er sein konnte, drohte ihr Schwager abwechselnd mit Selbstmord oder damit, England zu verlassen. Die Überarbeitung ihres Romans war dagegen fast eine Erholung gewesen. Davon abgesehen hatte Leonard ihn gleich nach dem ersten Lesen im Januar zu einem Meisterwerk erklärt, nannte ihn ein psychologisches Gedicht, definitiv eine Weiterentwicklung nach *Mrs Dalloway*, und wesentlich vielschichtiger. All das, ohne dass sie ihn nach ihrer Rückkehr von Knole danach gefragt hatte. Nach der ersten Erleichterung verdrängte ihr Verstand seine lobenden Ausführungen. Die Wahrheit würde nach der Veröffentlichung im Mai zutage treten.

Virginia betrachtete ihre Notizen, die das Letzte waren, mit dem sie sich jetzt beschäftigen sollte. Derlei war eigentlich erst erlaubt, wenn sie mit Essays oder Buchbesprechungen wieder hundert Pfund eingenommen hätte. Aber der Journalismus war ein fadenscheiniges, zermürbendes Geschäft, eine lästige Pflicht, von der sie ab und zu etwas Ablenkung brauchte. Und so hatte sie verschiedene Ideen gehabt: Was würde mit einer Frau geschehen, die sich, unattraktiv, allein, mittellos durch Kent schlagen müsste? Oder wie wäre es mit etwas Leichtem, einer defoeschen Erzählung? Oder einer Geschichte über zwei Frauen, die mittellos und einsam gemeinsam in einem Haus lebten, angedeuteter Sapphismus, neugierige alte Männer, wildromantisch, vor allem aber satirisch behandelt. Sie musste lächeln, als ihr Blick auf ein Blatt mit skizzierten Szenen fiel, in dessen Zentrum der Titel stand, den sie sich ausgedacht hatte: *Die Jessamy-Bräute.*

Ach, wahrscheinlich würde nichts daraus werden, aber nach den ernsten, experimentellen Büchern der letzten Jahre verspürte sie das deutliche Bedürfnis nach einer Eskapade.

Vorerst nur in Gedanken, sagte sie sich und stand auf. Im Verlag warteten ein langes Gedicht, ein ungeheuer umfangreicher Roman und monströse Memoiren darauf, gesetzt zu werden. Und es lockte die kürzlich neu angeschaffte Briefmarkenmaschine. Sie konnte drei Marken gleichzeitig aufkleben.

*

Virginia hatte sich getäuscht. Schlimmer als das Verzehren nach einem Abwesenden war dasjenige nach einem Anwesenden. Und auch die Wunden, die sich aus der Nähe zufügen ließen, wogen schwerer.

Seit Anfang Mai war Vita wieder da, samt Gatten und Gefolge, und konnte sich darauf freuen, im Juni für *The Land* tatsächlich den Hawthornden-Preis zu bekommen. Sie selbst war Ende April wunderbar erholt nach einem guten Monat Urlaub mit

Leonard, zunächst mit Vanessa und Clive in Cassis, dann auf Rundreise in Italien, nach London zurückgekehrt. Am 5. Mai erschien *Die Fahrt zum Leuchtturm*, und bereits zu diesem Zeitpunkt waren 1690 Exemplare verkauft. Gute, ja euphorische Besprechungen folgten, und auch Vanessa lobte es, schrieb ihr, sie habe es vollbracht, die Toten wieder zum Leben zu erwecken, die Eltern seien so wunderbar porträtiert, dass die Lektüre geradezu schmerzhaft gewesen sei. Virginia selbst glaubte inzwischen, auch einen guten Teil ihrer Schwester in Mrs Ramsay entdeckt zu haben, etwas, das sie unbewusst eingebaut haben musste. Das Schreiben blieb am Ende eben doch ein vollständiges Mysterium. Aber wie auch immer: Nun lachte niemand mehr.

Erfüllt von einer Mischung aus Wut, Angst und Abenteuerlust eilte Virginia jetzt, kurz vor Mitte Juni, auf dem Weg zum Postamt durch Rodmell, trotz sommerlicher Temperaturen in einen Mantel gehüllt und schneller, als sie sollte. Ein brandaktuelles Ereignis machte es erforderlich.

Anfangs hatte ihr Wiedersehen noch unter einem guten Stern gestanden, auch wenn Vita nach einer ersten Stippvisite erst einmal etwas Zeit zum Ankommen gebraucht hatte. Aber ihr gefiel, dass Virginia, nachdem sie sich im März den langen Schopf hatte abschneiden lassen, von vorn unverändert aussah, von hinten aber wie ein aufgescheuchtes Rebhuhn. Und Virginia hatte sich einen Scherz ausgedacht und ihr ein Exemplar ihres Romans mit der Notiz »Meiner Meinung nach das beste Buch, das ich je geschrieben habe« zugeschickt. Der Witz dabei: Der Umschlag sah aus wie der des Originals, doch der Buchblock bestand aus nichts anderem als aus leeren Seiten. Als Vita *Die Fahrt zum Leuchtturm* dann wirklich las, folgte ein Brief voller schmeichelnder Worte: wie sie auf einem rasiermesserscharfen Grat habe wandeln können, ohne zu fallen. Es mache ihr Angst, wie sehr Virginia ihren Stoff durchdringe. Kennte sie sie nicht, sie würde sich vor ihr fürchten, so aber liebe sie ihr großes Genie nur noch mehr, eine wahre Magierin sei sie.

Vita kannte im Gegensatz zu ihr selbst keinen Neid, das musste man ihr lassen, und das, obwohl sie gerade wieder in einer Schaffenskrise steckte. Vita hatte eigentlich, wie sie es ihr geraten hatte, gleich noch ein Langgedicht anschließen wollen, diesmal eines über Gärten. Schließlich habe die Freundin ihr am Scheideweg »schlechte Romane« oder »gute Gedichte« – hier hatte sie in ihrem Brief die Zeichnung eines Wegweisers mit ebenjener Beschriftung beigefügt – die richtige Richtung gewiesen. Etwas, das Virginia bei Gelegenheit noch klarstellen wollte, denn eigentlich mochte sie Vitas Prosa. Dass sie den Preis schon Vita zugesprochen sah, hatte mehr damit zu tun, dass die Jury aus ebensolchen Traditionalisten bestand, wie Vita unbedingt eine sein wollte. Da aus dem neuen Gedicht vorerst nichts wurde, plante sie nun eine Biografie über Aphra Behn, die erste Berufsschriftstellerin, die auch öffentlich als solche in Erscheinung getreten war. Außerdem schrieb sie an einem Reisebericht über ihre Expedition über die Bakthiari-Berge für die Hogarth Press.

Jemand rief nach Virginia und riss sie aus ihrem Gedankenfluss. Sie sah sich um, fand eine Nachbarin mit vollem Einkaufskorb auf der anderen Straßenseite. Mit zusammengebissenen Zähnen hob sie nur die Hand und eilte weiter. Das Postamt war schon in Sichtweite.

Am 18. Mai war sie mit Vita gemeinsam nach Oxford gefahren, wo sie vor Erstsemestern beiderlei Geschlechts einen Vortrag über Lyrik und Prosa gehalten hatte. Auch da war zwischen Vita und ihr noch alles in Ordnung gewesen. Sie hatten Zimmer im gleichen Hotel genommen, redeten beim Essen vertraulich mit den jungen Leuten, die, was den Bildungsstand anging, den Studenten in Cambridge meilenweit hinterherhinkten, unschuldige Fragen über Joyce stellten und Privates zu Mitgliedern der Bloomsberries wissen wollten. Beim Essen amüsierte sie sich köstlich darüber, wieder einmal vorgeführt zu bekommen, mit welcher Selbstverständlichkeit die Aristokratie sich danebenbenahm. Vita sah mit der scharlachroten Schleife um den Hals aus wie eine vollendete Dame, rollte aber während des Lunchs plötzlich ihre weißen Seidenstrümpfe herunter, um ihre juckenden Mückenstiche mit Salbe einzureiben. So war Vita: Sie konnte an einem Laden vorbeigehen, etwas sehen und wie nebenbei seidene Morgenmäntel für fünf Pfund kaufen, um dann aber zu Mittag ordinären Vanillepudding aus einem Törtchen zu kratzen und den Teig wieder auf die Servierplatte fallen zu lassen. Aus irgendeinem Grund mochte Virginia diese Arroganz und Realitätsferne. Vielleicht steckte nur die geheime Bewunderung all derer, die gern unsichtbar blieben, für diejenigen dahinter, die es liebten, sich zu produzieren.

Nach diesen schönen zwei Tagen war ihr dann alles rasch wieder zu viel geworden. Der Erfolg ihres Romans bedingte Einladungen und Verpflichtungen, sie zog sich eine Erkältung zu, und dann verließen sie alle Kräfte. Kopfschmerzen hatten sie fest im Griff, sodass sie einen geplanten Besuch auf Long Barn absagen musste.

Vita schickte zwar ein Blumenmeer, aber auch einen Brief: *Ich hasse diese verfluchten Kopfschmerzen, die dich heimsuchen. Ich wünschte, du wärest ROBUST!* Arme *Honey*, da würde wohl alles Wünschen nicht mehr helfen. Wurde sie ihr schon zu viel?

Ein paar Tage Erholung in Rodmell waren nötig, und sie wollte unbedingt, dass Vita ihren Zustand verstand. Ihr Herz begann bei jeder Anstrengung zu stolpern, und ihr Körper schmerzte wie eine einzige Wunde. Darum bat sie die Freundin, sie in der nächsten Zeit nicht zu anstrengenden Dingen zu animieren. Als Vita dann zu Besuch kam, machten sie nur einen kurzen Spaziergang mit den Hunden, und Vita hatte ihr *Die Herausforderung* mitgebracht, das Buch über sie und Violet. Ihr schien es, als wäre das die Vorbereitung für den Todesstoß gewesen, den Vita ihr dann versetzte. War sie theatralisch? Interpretierte sie zu viel hinein? Vielleicht. Fest stand, Vita hatte ihr danach indirekt geschrieben, wenn sie nur nicht so alt und kränklich sei, wenn sie nicht die wäre, die sie nun mal sei, eine andere Virginia, dann würde sie dem gleichen, immer noch lebendigen Impuls, von dem Virginia nun in *Die Herausforderung* lesen konnte, nachgeben und für sie alles riskieren, mindestens aber zum heimlichen Stelldichein in der Nacht herbeigefahren kommen.

Was dachte Vita sich eigentlich? Sie hatte immer um den Altersunterschied gewusst, ebenso um ihre Konstitution. Es hatte keinen Sinn, das zu verleugnen. Rollte schon die Welle heran, die Vita fortspülen würde?

Virginia betrat das Postamt. »Ich möchte ein Telegramm aufgeben.« Neben der Wut und der Angst war da noch ein Wollen. Sie sah vor sich, wie Vita in der Nacht Kieselsteine ans Fenster warf, wie sie sie hineinließ, in ihrem Bett empfing und im Morgengrauen mit ihr über die Downs fuhr. Das Telegramm umfasste nur zwei Worte: »Dann komm.«

*

Am 16. Juni, Leonard und sie weilten inzwischen wieder in London, wohnten sie der jämmerlichen Veranstaltung bei, bei der Vita ihren Preis verliehen bekam.

Virginias Telegramm nach Long Barn war ins Leere gelaufen, die Chance verpasst. Teufelin Vita hatte länger als geplant in

Sherfield Court bei Dottie verbracht, angeblich zum Tennis-spielen. Statt ein Abenteuer erlebt zu haben, saß sie nun also hier, zwischen Leonard und einem seligen Stolz ausströmenden Harold, in der London Library und betrachtete Vita in ihrer weißen Bluse und mit Wangen so rot wie ihr Rock, wie sie der Rede von Edmund Gosse, Jurymitglied und Vizepräsident der Bibliothek, lauschte, um dann ihre Urkunde entgegenzunehmen. Auf dem Podium die anderen Mitglieder der Jury: John Drink-water, John Collings Squire und Laurence Binyon. Dort oben und hier unten schwatzende Schriftsteller. Nicht gerade der Hoch-adel der schreibenden Zunft. Wie konnte irgendjemand von ih-nen, wie konnte sie selbst, wenn sie doch unter ihnen saß, so tun, als ob ihre Werke irgendwie bedeutend wären?

Der Gedanke wühlte sie auf, und irgendetwas in ihr, der Teil womöglich, der erlittenen Kummer mit Zinsen heimzahlen woll-te, brachte sie dazu, später am Abend, als sie das Ereignis zu viert in Gunter's Tea Shop am Berkeley Square mit einem Eisbecher feierten, alles auszusprechen, was ihr im Saal durch den Kopf gegangen war.

»Habe ich mich bei meiner Dankesrede lächerlich gemacht? Sei ehrlich, Harold«, sagte Vita gerade zu ihrem Mann. Es war voll an diesem warmen Abend, aber sie hatten noch einen Tisch ergattert.

Harold schielte auf seinen Eislöffel, während er ihn genüss-lich aus dem Mund zog. »Ach was, ganz und gar nicht! Du hast genau die richtigen Worte gefunden.«

Vita nahm zufrieden von ihrem Veilcheneis, und da war der Moment gekommen.

»Wisst ihr eigentlich«, sagte Virginia, »dass es heute Abend in diesem großen Raum niemanden gab, von euch einmal abgese-hen, von dem es mich interessieren würde, ob er meine Bücher, meine Essays oder meine Kritiken gelesen hat, ob er sie mochte oder nicht? Sie waren alle so lau, so konventionell.«

Stille am Tisch. Dann zuckte Vita betont gleichgültig mit den Schultern. »Du spielst eben in einer anderen Liga, es kann nicht jeder ein Genie sein. Oder so wie deine neue Freundin Edith Sitwell.«

»Wirklich, ich habe das Gefühl, heute weder auf einen großen noch auf einen modernen Geist getroffen zu sein.«

»Allerdings«, warf Leonard ein, »hat etwa Drinkwater Joyce zu dessen Anfangszeiten sehr unterstützt.«

Virginia schnaubte und schob den nur zur Hälfte verspeisten Eisbecher von sich. »Natürlich, und damit wird er sich bis an sein Lebensende brüsten. Ich jedenfalls habe nur die stumpfe, geistlose Mittelklasse der Literatur im Saal gesehen.«

Harold hob zu einer Erwiderung an, aber auch Leonard hatte ganz offensichtlich beschlossen, ihr mit einem Themenwechsel Einhalt zu gebieten. »Wissen Sie schon, was Sie mit den hundert Pfund machen werden, Vita?«, kam er Harold zuvor.

Ihre Miene, über die sich heimlich ein Schatten gelegt hatte, hellte sich ein wenig auf. »Von dem Preisgeld werde ich wahrscheinlich Pappeln und Haselnusssträucher in unserem Waldstück pflanzen, das hatte ich schon lange vor.«

»Eine gute Idee, *Darling*«, pflichtete Harold ihr bei.

An diesem Abend blieben die Nicolsons am Tavistock Square. Sie unterhielten sich noch eine Weile bei einem Glas Wein über dies und das, dann trennte die kleine Gesellschaft sich für die Nacht. Virginia konnte nicht gleich einschlafen und lauschte, wie langsam alle Geräusche um sie herum verstummten. Irgendwann hörte sie Vita leise weinen.

Warum waren es so oft die eigenen Liebsten, denen man am meisten wehtat?

ENDE JUNI BIS SEPTEMBER 1927
RICHMOND, NORTH YORKSHIRE,
UND LONG BARN, SEVENOAKS, KENT

»Man wird uns zerquetschen, Harold!« Noch nie hatte Vita King's Cross so überfüllt gesehen, nicht um zehn Uhr abends, aber wohl auch zu sonst keiner Tageszeit.

»Ohne dein überflüssiges Gepäck kämen wir auf jeden Fall schneller voran«, schnaufte Harold.

»Nicht streiten, da vorn ist schon unser Zug«, rief Eddie Sackville-West hinter ihnen. Auch ihr Cousin wollte sich das Ereignis am kommenden Morgen nicht entgehen lassen.

Drei Millionen Menschen aus ganz England hatten sich heute Richtung Norden in Bewegung gesetzt, um dort einem Phänomen beizuwohnen, das auf den Britischen Inseln seit gut zweihundert Jahren nicht mehr zu beobachten gewesen war. Morgen früh, am 29. Juni um zwanzig Minuten nach sechs, würden Sonne, Mond und Erde genau in einer Linie stehen, und der Kernschatten des Mondes würde auf die Erde fallen: totale Sonnenfinsternis. Der Totalitätspfad verlief über Lancashire und Yorkshire, also hatten sie Plätze in einem der zahlreichen Sonderzüge nach Richmond reserviert.

»Aber ich sehe die Woolfs nirgends!« Vita blickte sich hektisch um. Sie mochte solche Menschenansammlungen nicht.

»Die sitzen bestimmt schon im Abteil«, meinte Harold.

So war es, und auch der siebzehnjährige Quentin, der Sohn von Vanessa und Clive, hatte sich dort bereits eingerichtet.

»Wir dachten schon, ihr schafft es nicht«, meinte Virginia, während Leonard beim Verstauen des Gepäcks half. Entspannt paffte sie eine Zigarre und wippte mit dem Fuß.

»Doch, doch.« Vita konnte sie kaum ansehen. Vorhin noch hatte sie Mary Hutchinsons Perlenohrring, den diese auf ihrem Nachttisch in der Ebury Street hatte liegen lassen, in die Post gegeben. Virginia ahnte nichts.

»So, geschafft!« Harold ließ sich in seinen Sitz fallen, und auch Leonard und Eddie nahmen Platz. Wenig später fuhr der Zug an.

»Dann wollen wir doch mal sehen«, sagte Eddie, »ob die so euphorisch geplante und beworbene logistische Meisterleistung auf Englands Schienen und Straßen wirklich gelingt.«

Vita steckte eine Zigarette auf ihre Spitze und war froh über das Thema, das in dieser Nacht und sicher auch am nächsten Tag alles beherrschen würde. »Hauptsache, wir sind pünktlich.«

Plötzlich warf Quentin, der mit seinem kahl rasierten Schädel wie ein junger Mönch aussah, sich in die Brust und proklamierte: »*Die Sonne wird schwarz. Es stürzen hernieder die strahlenden Sterne, der Himmel zerbirst.*« Er fiel wieder in sich zusammen. »Die Totalität als Weltuntergang, so heißt es in der *Edda*, einer nordischen Sagensammlung.«

»Ein sehr gebildeter junger Mann bist du, sicher ein Musterschüler«, sagte Harold.

Virginia schnaubte. »Lassen Sie sich da nur nicht täuschen. Er ist zwar hochintelligent und streitet gern mit mir über Poesie und Malerei, eifert aber seinem älteren Bruder im Anstellen von Unsinn nach. Schuldig des Auf-Schuldächern-Herumkletterns, der Pöbelei und des Vandalismus!«

»Leighton ist einfach öde«, sagte Quentin mit unbekümmertem Grinsen in Richtung seiner Tante. »Und Julians Fußstapfen sind ziemlich groß.« Die beiden hatten trotz der Neckerei ein gutes Verhältnis, das war ihnen deutlich anzusehen.

Eine Weile unterhielten sie sich noch über dies und das, und solange es noch dämmerte, zeigte dann und wann jemand aus dem Fenster und rief etwas wie: »Schaut, ein Stern, da, über Alexandra Park!«, oder »Also, das müsste wohl Hatfield sein.«, und: »Da, Peterborough!« Als die Scheiben nur noch an Schwärze gespiegelte Gesichter reflektierten, sahen sie ein, dass es besser war, ein wenig zu schlafen. Harold rollte sich zusammen und legte den Kopf auf Vitas Knie, sie selbst lehnte sich an die Wand des Abteils und schloss die Augen. Virginia und Quentin begannen miteinander zu flüstern, als sie alle eingeschlafen glaubten, doch Vita war noch wach. Ihre Gedanken kreisten.

Seit der Enttäuschung bei der Preisverleihung war sie innerlich ein Stück von Virginia, deren neue Busenfreundin Edith Sitwell nicht müde wurde, *The Land* überall als das »schlechteste Gedicht in englischer Sprache« zu bezeichnen, abgerückt, woran auch Dottie ihren Anteil trug. »Ich habe dir immer wieder klarzumachen versucht: Dieses Bloomsbury tut dir nicht gut. Sie glauben, ihre Herangehensweise an die Kunst wäre die einzig wahre, sie sind so arrogant, dass sie nicht einmal auf die Idee kämen, auch andere Sichtweisen gelten zu lassen.«

Dass es ihr nicht guttat, stimmte, ihr Vertrauen in sich als Schriftstellerin war inzwischen untergraben, auch wenn es Virginia immer nur darum gegangen sein mochte, mehr aus ihr herauszukitzeln. Oft dachte sie an den Brief, den Virginia, mit Krallen aus Scharfsinn und Psychologie niederstoßend, ihr vor einiger Zeit geschrieben hatte. Etwas Dunkles sei in ihr, etwas Stummgemachtes, das nicht mitschwang, in ihrem Wesen, aber auch in ihrem Schreiben. Vita hatte sich so ertappt gefühlt damals, denn sie spürte es auch, wusste eben nur nicht, was dagegen tun.

Doch die dauernde Introspektion, das immer tiefere Graben, wie es Virginias Methode war, ließ eine atavistische Angst in ihr aufsteigen. Sie wollte die Kontrolle über ihren Stoff, während Virginia sich ihm schutzlos hingab, bis in tiefste Tiefen tauchte. Musste man dabei nicht verrückt werden? Nein, das Dunkle sollte verborgen bleiben, sie konnte es nicht ertragen. Stattdessen brauchte sie dringend wieder ein wenig Bestätigung. Und da sie diese momentan nicht in ihrem Schreiben finden konnte, streckten Geist und Körper ihre Fühler nach einer anderen Möglichkeit zur Wiederherstellung ihres Selbstbewusstseins aus.

Auf Dotties Party hatte sie Abenteuerlust in Marys Augen gesehen und sich magisch davon angezogen gefühlt. Unter dem Siegel höchster Verschwiegenheit hatte Dottie ihr erzählt, dass Mary vor ihrer Beziehung mit Clive, die ihr Ehemann John Hutchinson duldete, bereits eine heimliche Verbindung mit Aldous und Maria Huxley eingegangen war. Mary liebte also auch Frauen, und sie sah hinreißend aus an diesem Abend. Vita wollte erobern, verführen. Der Alkohol floss, sie flirtete. In ihr erwachte Don Juan und übernahm das Ruder. Sie nahm Mary mit in ihre Londoner Wohnung, warf sie aufs Bett. »Mach mit mir, was du willst«, sagte Mary, und so tat es Don Juan, so tat es Vita.

Sie schreckte hoch, als der Zug mit einem Ruck anhielt. Irgendwann musste sie doch eingeschlafen sein. Auch die anderen schienen eben erst erwacht zu sein. Es war kurz vor zwei Uhr morgens.

»Wir sind in York«, sagte Leonard, und Quentin stand auf, um das Fenster herunterzulassen und hinauszusehen.

»Hier haben wir den letzten längeren Aufenthalt, gegen halb vier kommen wir in Richmond an«, meinte Virginia, die schlaftrunken und mit verstrubbeltem Haar so süß und mild aussah, dass Vita sich ihr gleich wieder ganz nah fühlte.

»Dann wäre doch jetzt die richtige Zeit für eine Stärkung«, sagte sie. »Wir haben belegte Brote, Schokolade und Pfirsiche dabei.«

Virginia packte Kuchen und Würstchen aus. Sie teilten alles unter sich auf und aßen schweigend, mit noch glasigen Augen, jeder in seine eigenen Gedanken vertieft.

Der Vorfall mit Mary Hutchinson würde eine einmalige Angelegenheit bleiben, von der sie Virginia dennoch unbedingt erzählen musste. Wahrheit: Das war eine ihrer Bedingungen gewesen, und sie würde sich daran halten.

Das Schlimme war nur, dass es noch eine andere Mary gab. Mary Campbell, rehäugig und mit betörend langem dunklen, welligen Haar, die achtundzwanzigjährige Ehefrau desjenigen Poeten, dessen Gedichtband *The Flaming Terrapin* sie den Woolfs bei ihrem ersten Besuch in Rodmell so nachdrücklich empfohlen hatte. Vor wenigen Wochen erst, kurz nachdem sie mit Virginia in Cambridge gewesen war, hatte sie die beiden zufällig auf dem Postamt kennengelernt. Kurz zuvor war das Paar aus Südafrika hergezogen und lebte in sehr ärmlichen Verhältnissen in einem Cottage nicht weit von Long Barn. Vita lud sie gleich für den nächsten Abend zum Dinner ein, und seitdem waren Mary und sie schon beinahe Freundinnen geworden. Das Knistern zwischen ihnen spürte nicht nur sie, da war Vita sich sicher.

Es schepperte. Ein Pfiff hatte die Abfahrt des Zuges angekündigt und Harold nach der porzellanenen Sandwichdose gegriffen, um sie zu verstauen. Nun lag sie in Scherben auf dem Boden.

»Was für ein Tollpatsch du bist«, fuhr sie ihn an und rutschte in ihrem Sitz nach vorn, um das Malheur aufzusammeln. »Wenn der Zug wenigstens schon fahren würde, dann könnte ich es noch verstehen!«

Harold bemühte sich zu helfen. »Komm schon, Mar, das war ein Geschenk deiner Mutter, du konntest die Dose nie ausstehen!«

Ausgerechnet der stets beherrschte Leonard begann nun zu lachen. Konsterniert sah sie zu ihm und dann zu Virginia, die betroffen schaute, aber deren Mundwinkel ebenfalls zuckten. Als Harold beim Anfahren des Zuges dann noch das Gleichgewicht verlor, fiel einer nach dem anderen, einschließlich Vita, in das Gelächter ein. Danach fühlte sie sich deutlich besser.

Um kurz nach halb vier Uhr morgens kamen sie gut gelaunt am Bahnhof von Richmond an. Nach einiger Wartezeit fuhren einer nach dem anderen die Omnibusse ein, die sie zum Aussichtspunkt bringen würden, nach Barden Fell, dem höchsten Punkt von Barden Moor. Während sie fuhren, kamen sie an einem Schloss vorbei, in dem in einem einzigen Zimmer Licht brannte – wem es wohl gehörte? –, und an kleinen, unscheinbaren Farmen, aus denen Bauernfamilien traten, um sich ebenfalls auf den Weg zu machen – brav in Schwarz gekleidet, als gingen sie zur Kirche. Auf den Feldern Junigräser und Pflanzen mit roten Quasten. Die ganze Szenerie wirkte in der Dämmerung noch blass und grau. Immer höher und höher kroch die Schlange aus Omnibussen. In der Nähe des Gipfels parkten bereits zahlreiche Autos, einige Besucher hatten hier für die Nacht ihr Lager aufgeschlagen.

Sie stiegen aus und reckten sich. Der Wind pfiff.

»Ein hervorragendes Gebiet für die Moorhuhnjagd«, stellte Harold fest.

Schon vor Kälte zitternd, sah Virginia sich um. »Ich fühle mich in die Kulisse von Brontës *Sturmhöhe* versetzt.«

Zum Glück hatte Vita an alles gedacht. Sie verteilte zuerst die geschwärzten Glasstücke zum Betrachten der Finsternis und nahm dann zwei Decken aus der großen Tasche heraus und gab eine Virginia. »Hier, wickle dich gut ein.« Die andere legte sie sich selbst um. »Wer will noch?«

Graspfade führten bis zum Aussichtspunkt hinauf, wo einige Besucher sich bereits einen Platz gesichert hatten. Sie taten es ihnen gleich. Moore und Täler erstreckten sich um sie herum, Hügel um Hügel. Hinter ihnen weideten Schafe, vier große rote Setter tobten, scheinbar herrenlos, über das Moor. Der Himmel über ihnen war bewölkt, genau wie im Wetterbericht angekündigt. Nur ein schwaches goldenes Schimmern verriet, wo die Sonne gerade stand.

Quentin war schon jetzt enttäuscht. »Wehe, diese Wolken verziehen sich nicht bald.«

»Das wird schon, Junge«, sagte Leonard und sah zum wiederholten Mal auf die Uhr. »Sieh hin. Die Decke ist nicht kompakt, mal wird sie dünner, mal reißt sie auf.«

Vita stellte sich dicht neben Virginia. »Es ist wirklich unglaublich kalt heute Morgen.«

Virginia lehnte sich an sie. »Jedes Vergnügen hat seinen Preis, nicht wahr?«

Als hätte sie auch noch prophetische Kräfte! Vita fühlte sich ertappt, ließ sich aber nichts anmerken und lachte nur.

So standen sie und warteten. Bis Quentin rief: »Da, eine Lücke!« Alle hielten sich die Rauchgläser vors Gesicht. Es hatte bereits begonnen, die Sonne war nur noch eine schmale Sichel, glühend rot, Ohs und Ahs ertönten um sie herum, dann unisono ein Enttäuschungslaut, als wieder eine Wolke die Sicht verdeckte. Augenblicke vergingen, und Quentin hüpfte auf und ab. »O bitte, das kann doch nicht wahr sein!«

Doch genau in dem Moment, als all diese Menschen, die einige Strapazen auf sich genommen hatten, um genau jetzt genau hier zu stehen, sich damit abzufinden begannen, um den Moment betrogen worden zu sein, riss die Wolkendecke wieder auf. Blauer Himmel hinter der Sichelsonne, doch nicht für lange, dann wurde alle Farbe matt, die Wolken erschienen zunächst rötlich-schwarz, dann wich die Farbe ganz. Es war dunkel und doch nicht vergleichbar mit der Nacht, die Sonne schwarz, die Corona durch die umgebenden Wolken kaum zu sehen.

»Wir sind gefallen, die Erde ist tot, und ich habe Angst«, flüsterte Virginia. »Wir könnten ebenso gut Druiden in Stonehenge sein. Oder Urmenschen, denn fast möchte ich mich auf die Erde werfen und auf mein Ende warten.«

Dann ging der Moment vorüber, und die Farben kamen wieder. Rein. Wie von altem Staub befreit. Quentin jubelte, die Männer murmelten, Virginia fiel ihr in die Arme. »Alles funkelt wie frisch gestrichen, ganz neu, ist das nicht wunderbar?« Sie löste sich und blickte in den Himmel. »Früher glaubte man, auf die Sonnenfinsternis würde, wenn nicht der sofortige Weltuntergang, so doch bald ein großes Unheil folgen«, sagte Virginia leise und drückte ihre Hand. »Aber es scheint, als hätten wir noch einmal Glück gehabt.«

Vita erwiderte den Druck, bang im Herzen. Sie war sich da längst nicht so sicher.

*

Am folgenden Wochenende kamen die Woolfs nach Long Barn. Sie lernten Raymond Mortimer, Harolds Geliebten, kennen, und am nächsten Tag kamen ihr Vater und seine Geliebte Olive zum Tennisspielen. Alles sehr ungezwungen, Virginia drückte mehrfach ihre Erleichterung darüber aus, sich zum Essen nicht umziehen zu müssen. Leonard blieb nur eine Nacht, und in der nächsten erzählte sie Virginia von Mary Hutchinson. Diese hatte seit jeher ein zwiespältiges Verhältnis zu ihr, nannte sie nur »die Auster«.

Sie nahm es gefasst auf, fühlte sich bestätigt. »Ich habe es dir ja gesagt, du wirst mich rasch leid sein.« Doch da diese eine Nacht nichts bedeute und keinen Einfluss auf ihre Beziehung haben würde, gönne sie ihr die Eskapade. In den folgenden Wochen allerdings kam sie in ihren Briefen immer wieder darauf zurück, kleidete ihre zwischen humorvoll und sarkastisch changierenden Hiebe in leicht zu deutende Metaphern. Sie wisse schon, ein Delfin, wie sie Vita seit dem Ausflug nach Sevenoaks manchmal nannte, mache zu gern Luftsprünge, doch er sei eine schlechte Kreatur, wenn er mit Austern Unzucht trieb. Der Delfin müsse vorsichtig sein mit seinen Sprüngen, sonst werde er eines Tages alle weichen Spalten in Virginia mit Angelhaken bestückt vorfinden.

Nein, ein schlechtes Gewissen verspürte Vita nicht im eigentlichen Sinne, aber sie wollte sich wieder verstärkt um Virginia bemühen. Sie gingen aus, in den Zoo, und im Regent's Park gab sie Virginia Unterricht im Autofahren. Von dem Geld, das *Die Fahrt zum Leuchtturm* mit über dreitausend verkauften Exemplaren eingebracht hatte, kauften die Woolfs einen gebrauchten Singer, einen kleinen geschlossenen Wagen, dunkelblau mit einem hellen Streifen um die Motorhaube. Sie führten ihr das Automobil im Richmond Park vor, und Virginia fuhr dann eine Runde allein. Beim Anfahren machte der Wagen Sprünge, blieb abrupt stehen, doch schließlich brauste sie davon.

Leonard war herrlich in seiner Sorge um sie. Alle paar Minuten sagte er, mehr zu sich als zu ihr: »Mit Virginia wird doch sicher alles in Ordnung sein …« Ihre Replik »Aber natürlich ist es das!« wurde wenig später bestätigt. Danach, zurück in London, aßen sie im Petit Riche und tranken Chianti. »Es war ein so schöner Tag«, sagte Virginia. »Du erfrischst und tröstest mich immer noch, weißt du?«

Und doch tröstete sie auch Mary Campbell, die unter der Geldknappheit und ihrem offenbar dem Alkohol verfallenen und herrschsüchtigen Ehemann litt – sie erzählte, er habe sie zu Beginn ihrer Ehe einmal aus einem Fenster im vierten Stock gehängt, weil er fand, dass sie zu wenig Respekt vor ihm hätte – und immer häufiger ihre Nähe suchte, was Vita mit noch mehr Einladungen quittierte. Sie waren sich beide der erotischen Spannung bewusst, doch noch widerstanden sie. Aber dann, kurz bevor die Woolfs für den restlichen August nach Rodmell fuhren, geschah etwas, das Vita gänzlich unerwartet aus der Bahn warf.

Virginia schrieb ihr von den Avancen eines adlernasigen Mannes, der sich in sie verliebt und ihr ein eindeutiges unmoralisches Angebot gemacht hatte. Das allein war nicht so überraschend; die Tatsache, dass Virginia trotz Ablehnung erregt von der Vorstellung gewesen war und ihr riet, sich mehr anzustrengen, um sie weiterhin zu verzaubern, war es schon eher. Ebenso der Schock, den sie beim Lesen verspürte, der Stich der Eifersucht, die glühende Faust der Wut.

Es machte ihr etwas aus, und das schrieb sie Virginia, denn sie hatte einen Brief ähnlichen Inhalts von Mary auf dem Tisch liegen. Wenn sie nicht vorsichtig sei, werde ihr Benehmen sie noch in eine Affäre drängen, mahnte sie. Solche Späße dürfe Virginia nicht mit ihr treiben. Doch wenn sie wieder lieb sei, werde sie die Absenderin zum Teufel schicken.

Nun hatte sie Virginia gewarnt und sich selbst, das wusste sie insgeheim, eine Legitimation für das gegeben, was in ihren Gedanken längst wahr geworden war.

Es dauerte nicht lange, da schlug sie den Campbells vor, mietfrei ein Cottage, das auf dem Anwesen von Long Barn stand, zu beziehen. Und während Virginia ihr noch aus ihrer Schreibhütte berichtete, die sie aktuell mit Leonards Kartoffeln teilen musste, wie gerne sie sich einen privaten Schnappschuss von ihr auf den Tisch stellen würde, und Dottie verdächtigte, die Ihre zu sein, nahmen die Dinge ihren unweigerlichen Lauf. Am 2. September schlief Vita zum ersten Mal mit Mary, und sofort war klar, dass es nichts war, das man einen Ausrutscher hätte nennen können. Die Leidenschaft brannte so stark, dass sie so oft wie möglich gelöscht werden musste. Derart sogar, dass selbst ein mit Grippe und Fieber im Nebengelass des Schlafzimmers liegender Nigel sie nicht davon abhalten konnte.

SIEBEN

Neu erobern: Aneignung
(Oktober 1927 bis Oktober 1928)

[...] um der Liebe willen,
noch eine Umarmung.
Orlando

Mein Gott, Virginia, wenn ich jemals begeistert und
erschrocken [zugleich] war, dann bei der Aussicht,
in Orlando verwandelt zu werden. Weißt du, jede Rache,
die du jemals nehmen willst, wird dir zur Verfügung stehen.
[…] Mich erworben, das ist es, was du getan hast. […]
Aber wie lange wird es dauern, bis ich ausbreche?
Ich würde nie ausbrechen, wenn ich dich hierhätte,
aber du lässt mich unbewacht.
Vita an Virginia, 11. Oktober 1927

Virginia, würdest du ernsthaft die Möglichkeit in Betracht
ziehen, mit mir zur Weinlese zu fahren […]? Diese Idee,
die mir schon seit Jahren im Kopf herumschwirrt, würde ich
gern mehr als alles andere in die Tat umsetzen.
Vita an Virginia, 10. Juli 1928

Ich gestehe, ich bin bereits in einem Zustand heftiger Vorfreude.
Weißt du, liebstes Geschöpf, da ich jetzt in der Blüte meiner
Gesundheit stehe, könnte ich die ganze Nacht aufbleiben:
Wir könnten durch vom Mond beschienene Ruinen wandern,
Cafés, Tanzveranstaltungen, Theaterstücke,
Rummelplätze besuchen: uns ewig unterhalten […].
Virginia an Vita, 8. September 1928

Endlich war der letzte Artikel für die *Tribune* geschrieben und Virginia frei für einen Roman – abgesehen von dem zweiten Teil von *Der gewöhnliche Leser*, den sie auch noch zusammenzustellen hatte und für den sie gerade die Romantiker las. Doch sie arbeitete lustlos daran, sie wollte sich in der Prosa austoben.

Die Idee, ein Buch über zwei Sapphistinnen zu schreiben, in dem sie ihre Erfahrungen mit Vita hatte thematisieren wollen, war längst verworfen. Ende September hatte sie sich im Bett die Idee für ein Buch mit kurzen Einzelszenen zurechtgesponnen, die zusammen ein großes historisches Bild der Gegenwart ergaben. All ihre Freunde darin skizziert, wahrhaftig, aber auch satirisch und fantastisch verfremdet. Lytton, Duncan, Clive, Roger, Adrian. Und natürlich Vita, die ein junger Edelmann namens Orlando sein sollte. Kleine Biografien noch zu Lebzeiten der Porträtierten.

Doch dann, als Vita erneut die Beichte bei ihr ablegte und offenbarte, dass sie nun mit einer anderen Mary, die sie sich schon so gut wie ins Haus geholt hatte, der Fleischeslust frönte, und Virginia eine Zeit lang, von Melancholie überschwemmt, an nichts anderes mehr denken konnte, da verstand sie: Es musste ein Buch ganz über Vita sein, denn sie wollte sie, ihr Wesen, ihre Beweggründe, die Causa Campbell und das, was von Vita verborgen blieb, verstehen. Wofür hatte ihr kleiner Teufel sie einst so bewundert? Für die vollkommene Durchdringung ihres Stoffes. Schreibend würde es ihr also vielleicht auch gelingen, Vita zu durchdringen. Und wenn sie deren gesamte Familienhistorie dazu umkrempeln musste!

Schon vor Vitas Beichte war zu spüren gewesen, dass die Geliebte ihr entglitt. Wenn sie Vita getroffen hatte, verließ sie sie nie ohne das ungute Gefühl, es könnte das letzte Mal gewesen sein. Aber war es nicht so, überlegte sie, dass diese Unsicherheit, die ganz gewiss auch Vita spürte, ihnen beiden genauso viel gab, wie sie ihnen nahm? Führte sie doch dazu, dass sie sich bemühten, den Augenblick, den ihre Liebe andauerte, noch ein wenig verweilen zu lassen. Sie hatte ihr geschrieben, wenn sie der Campbell verfallen sei, wolle sie nichts mehr mit ihr zu tun haben, und so würde es aufgeschrieben werden, klar und deutlich, für alle Welt zu lesen, in *Orlando*. Vita antwortete umgehend darauf, dass ihr Herz von der Affäre mit Campbell nicht beeinträchtigt sei.

Virginias Verliebtheit jedenfalls war immer noch stark genug, bei Schnupfen nicht mit roter Nase von der Geliebten gesehen werden zu wollen, und Vita hatte sogar gefleht: *Lass mich nicht gleich im Stich. Ich brauche dich mehr, als du denkst.* Warum nicht sehen, was geschah, wenn sie sie auf Papier bannte?

Und genau das tat sie, nachdem sie Vitas Einverständnis eingeholt hatte. Was Anfang Oktober als kleine Ablenkung, als kurzer Spaß begonnen hatte, ließ sie auch Wochen später nicht mehr los. Ob sie ihr Schreibbrett auf den Knien hatte, am Tisch saß, umherspazierte oder im Bett lag, ständig dachte sie sich Szenen aus und verbrachte so einen großen Teil des Tages in genau der Verzückung, die ihr schon immer die meiste Lebendigkeit schenkte. So schnell und ausdauernd schrieb sie, dass sie es regelmäßig nicht mehr schaffte, vor dem Mittagessen alles abzutippen. Sie fühlte wieder Glück, fühlte sich Vita wieder näher, las noch einmal *Knole and the Sackvilles* und löcherte Vita mit Fragen. Unbedingt musste das Buch illustriert werden, mit ein paar Karten vielleicht, in jedem Fall mit Porträts und Fotografien, die Orlando im Laufe der Jahrhunderte sowie seine/ihre Männer und Frauen zeigten. Vita willigte ein, sich für alle Welt eindeutig erkennbar zu machen: Auf mehreren Bildern sollte sie die weibliche Orlando darstellen.

Auf Knole durchforsteten sie Ende Oktober Fotoalben und die Galerien für Orlandos Darstellung als Mann. Ein Porträt The Hon. Edward Sackvilles würde den Knaben Orlando illustrieren, Richard Sackville, fünfter Earl von Dorset, Orlando als Gesandten, und auch für die anderen fanden sich geeignete Darstellungen, allein für die russische Prinzessin Sasha alias Violet, die erste und ebenso große wie tragische Liebe des jungen Helden, fand sich kein Ebenbild.

»Nessa könnte ein Foto von Angelica machen, wie wäre das?«, schlug Virginia vor. »Sie schlägt in ihrer Schönheit so sehr nach ihrer Mutter, es würde wirklich gut passen.«

Vita war zunächst dagegen. »Aber sie ist erst neun! Ich will nicht der Unzucht mit Kindern verdächtigt werden. Also nur, wenn sie auf dem Bild aussieht wie mindestens sechzehn!«

*

Eine gute Woche lang hörte Virginia danach nichts von der Freundin. Den Grund erfuhr sie, als Vita plötzlich vor der Tür am Tavistock Square stand und aussah wie durch den Fleischwolf gedreht. Sofort beauftragte Virginia Nelly, Kakao zu machen und Rosinenbrötchen zu bringen, damit sie sie am Gasofen rösten konnten.

»Ich habe die absolute Hölle durchlebt«, begann Vita, mit einer Decke im Sessel vor dem Ofen platziert, die Situation schließlich zu erklären. »Marys Mann kam vor einigen Tagen zu mir und machte eine Szene. Er brüllte, er wisse Bescheid über uns beide, seine Frau sei wohl der Preis für Kost und Logis, aber er selbst habe auch eine Affäre, ha, und zwar mit der alten Flamme von Geoffrey, Dorothy Warren!«

Virginia war nicht gerade amüsiert darüber, ihre Schulter für die Scherereien herzugeben, die Vita die Affäre mit Campbell bereitete, doch sie versuchte, sich nichts anmerken zu lassen. »Es scheint mir eine rein maskuline Logik zu sein, dass er glaubt, dir auf so eine verquere Weise einen Stich versetzen zu können.«

Vita schnaubte und nahm einen Schluck von ihrem Kakao, dann prüfte sie, ob ihr Brötchen schon gut war. Noch nicht. »Ich habe es geschafft, ihn ein wenig zu beruhigen, ihm gesagt, es sei nichts Ernstes, nur ein kleines Amüsement wie ja auch für ihn und so weiter. Schließlich zog er, leider nur scheinbar besänftigt, von dannen. Eine Stunde später kam Mary kreischend angelaufen. Roy hatte sich in Rekordzeit betrunken, wütete in der Hütte und ging dann mit einem Messer auf sie los. In meiner Verwirrung rief ich Dottie an, die sofort kam und Gin und ihre Schrotflinte mitbrachte. Eine gute Idee, denn bald tauchte Roy vor dem Haus auf und drohte abwechselnd mit Mord oder Selbstmord.« Sie prüfte ihr Brötchen noch einmal. Ja, jetzt. Vorsichtig biss sie hinein. »Dottie patrouillierte die ganze Nacht.«

Virginia lehnte sich zurück und nippte an ihrem Kakao, um ihre spitze Zunge ein wenig zu zügeln. »Dann ist es ihr womöglich zu verdanken, dass du überhaupt noch lebst.«

»Hör bloß auf. Zwei Tage lang brodelte Roys Zorn unter der Oberfläche weiter, dann brach er in absurdester Manier wieder hervor. Er präsentierte Mary verschiedene Alternativen. Die eine war ein Selbstmordpakt, bei dem sie sich beide mit seinem Rasiermesser die Pulsadern aufschlitzen würden …«

Virginia unterbrach sie abrupt. »Aber haben sie nicht zwei kleine Töchter?«

»Natürlich!« Vita rang die Hände. »Die anderen bestanden in seinem alleinigen Selbstmord oder seiner Rückkehr nach Südafrika. Nur waren diese Alternativen keine wirklichen, sondern er erwartete selbstverständlich, dass die Frevlerin ebenfalls den Tod wählte. Und als sie das nicht tat, wurde er nur noch wütender. Mary ist mir verfallen, ihr ging es nur darum, bei mir sein zu können. Ich redete mit Engelszungen auf diesen Kerl ein, versprach ihm, Mary weniger zu sehen, und irgendwie ging ihm irgendwann die Luft aus. Aber ich habe keine Ahnung, wie lange diese Ruhe nun anhalten wird.«

Virginia hatte einen Kloß im Hals. Warum erzählte Vita ihr das alles? Jetzt konnte sie nicht mehr an sich halten. »Da siehst du, wohin dich deine Unfähigkeit führt, dich mit dem Herzen ganz an jemanden zu binden«, sagte sie betont ruhig. Vita erstarrte. »Es langweilt mich, mir solche Geschichten anhören zu müssen. Du lässt dich hierhin und dorthin treiben, und das kommt dabei heraus.«

Nun fiel Vita in sich zusammen, verbarg das Gesicht in den Händen und fing bitterlich an zu weinen. »Wie gleichgültig du das sagst«, brachte sie unter krampfhaftem Schluchzen hervor. »Aber du hast recht. Warum bin ich nicht in der Lage, eine einzige vollkommene Beziehung zu führen? Mein ganzes Leben fühlt sich wie ein völliger Fehlschlag an!«

Eine Sekunde lang spürte Virginia giftgrüne Genugtuung, dann tat ihr sofort leid, was und wie sie es gesagt hatte. Sie legte Vita tröstend die Hand auf die Schulter. »Ach, meine Liebe, jetzt komme ich mir wie ein Scheusal vor. Das alles hat bloß damit zu tun, dass ich doch ein wenig eifersüchtig bin, auch wenn ich es nicht will.«

Vita hob den Kopf, nichts von ihrem Make-up war mehr an seinem Platz. »Aber es stimmt ja alles! Ich wäre so gern willensstärker, doch ich mache diese Fehler, und ich hasse sie an mir, aber sie sind bloß albern und oberflächlich.« Wieder rollten die Tränen. »Bitte glaube mir, wenn ich sage, dass du mir absolut lebenswichtig bist. Meine Liebe zu dir ist wahr, lebendiger als je zuvor und unabänderlich.«

Virginia war froh, dass sie nun so offen sprachen. »Es macht mich glücklich, das zu hören. Ich komme mir selbst so oft schwierig, alt, reizbar und verdrossen vor, während da all diese jungen, leichtherzigen Wesen sind, und dann zweifle ich.« Virginia seufzte. »Vielleicht kannst du einfach nicht anders, als die hoffnungslosen Fälle anzuziehen, es ist nicht deine Schuld oder nur zu einem Teil.« Sie beugte sich vor und gab Vita einen Kuss auf die Stirn. »Und nun geh dir das Gesicht waschen und lass uns über etwas anderes reden.«

*

Am 20. November begann Virginia das dritte Kapitel von *Orlando*. Sie mochte die schlichten Sätze, die Abwechslung, die es bedeutete, sich auf Äußerlichkeiten konzentrieren zu können. Es sollte ein kleines Buch werden, vielleicht wäre sie bis zum Jahresende fertig und es könnte schon im Frühjahr erscheinen, dachte sie zunächst, musste diese Vorstellung im Dezember allerdings aufgeben. Ihr fielen so viele Kapriolen ein, die Details machten so viel Freude, *Orlando* brauchte mehr Raum. Dennoch war es ein Buch, das schnell geschrieben werden musste, um die Einheitlichkeit des Tons zu bewahren und den Übergang zwischen den Jahrhunderten geschmeidig zu gestalten.

Alles in allem war es ein glücklicher Herbst, wenn auch getrübt durch die Tatsache, dass Harold an die Botschaft in Berlin versetzt worden war und Vita einen Großteil des Dezembers bei ihm verbringen würde. Dabei hatte er Vita Hoffnungen gemacht, den diplomatischen Dienst ganz aufzugeben. Sein neuer Posten würde weitere Abwesenheiten Vitas nach sich ziehen, doch Virginia war nicht allzu bedrückt deswegen. Denn Vita war jetzt doch immer bei ihr, konnte sich ihr auf dem Papier weder selbst entziehen noch ihr entzogen werden. Virginia war ihrer habhaft geworden und formte sie mit Genuss nach ihrem Bilde neu.

Im neuen Jahr allerdings brauchte die echte Vita sie. Am 28. Januar starb ihr Vater völlig überraschend nach kurzer Krankheit. Die Ärzte vermuteten eine Herzbeutelentzündung. »Er war doch erst einundsechzig«, weinte Vita am Telefon. Tapfer organisierte sie alles: verschickte die Todesanzeigen, kümmerte sich um die Formalitäten und den Ablauf der Beerdigung, tröstete seine untröstliche Geliebte, nur um Knole dann am Tag der Beisetzung – für immer, wie sie sagte – zu verlassen, hinter dem von Pferden gezogenen Wagen hergehend, der den Sarg Lord Sackvilles in die Familiengruft in Withyham brachte. Ihr Bleiberecht hatte sie in jedem Fall verloren, Knole ging nach altem Recht an Vitas Onkel Charlie und dessen amerikanische Frau über, die sie nicht ausstehen konnte. Was für eine Ironie, dachte Virginia. Nun verlor Vita das Einzige, an dem sie wirklich mit ganzem Herzen hing.

Virginia versuchte ihr beizustehen, wo sie konnte, fuhr nach Long Barn und half Vita bei der Beantwortung der mehr als dreihundert Kondolenzkarten. Mary bekam sie dabei nicht zu Gesicht, vermeinte aber, einen leichten Widerhall wahrzunehmen. Sie fragte Vita nicht nach ihr.

Bald darauf verabschiedeten sie sich für zwei Monate voneinander. Im Februar fuhr Vita wieder zu Harold ins verhasste Berlin, Virginia würde Ende März mit Leonard nach Frankreich reisen und ebenfalls vier Wochen fort sein. Die erste Fassung von *Orlando* sollte kurz vorher fertig werden, um das Buch in den folgenden drei Monaten überarbeiten zu können, doch ein vorzubereitender Vortrag lenkte ihre Gedanken ab. Sie geriet so sehr in Aufruhr, dass sie Chloral nehmen musste, doch sie schaffte es.

Sie machte sich einen Spaß mit Vita, die in Berlin offenbar schon wieder, Willenskraft ade, mit einer gewissen Mrs Voigt anbändelte: *Hast du am letzten Samstag gegen fünf Minuten vor eins einen gewissen Ruck verspürt, als ob dein Genick gebrochen wäre? Da starb er – oder eher: Er hörte auf zu reden, mit drei kleinen Punkten …*

Orlando starb nicht wirklich, nein, aber das Buch war fertig, die Leinwand bemalt, wenngleich zuweilen lückenhaft und unsauber. Es wartete noch viel Arbeit auf sie.

»So köstliches Essen hätte ich in einem einfachen Landgasthaus wirklich nicht erwartet«, sagte Virginia und trank den letzten Schluck des ebenfalls hervorragenden Bourgogne Mousseux. Vor wenigen Stunden erst waren sie von Paris aus in Saulieu angekommen, einem kleinen, von Hügellandschaft umgebenen Städtchen, das eigentlich nur ein größeres Dorf war, und hatten sich im Hôtel de la Poste einquartiert, das Ethel Sands nachdrücklich empfohlen hatte. Soeben hatten sie zu Mittag ein Vier-Gänge-Menü verspeist, bestehend aus Forelle, Gnocchi, gefülltem Hühnchen mit Spinat und Sahne und zum Nachtisch Kuchen mit saurer Sahne und Birnen nach Belieben.

»Da hast du recht«, sagte Vita und zündete sich eine Zigarette an.

Als die Kellnerin kam und offenbar fragte, wie es geschmeckt hatte, gab Vita ihr Lob in perfektem Französisch weiter und endete mit einer Bemerkung, die in etwa beinhaltete, dass sie schon sehr darauf gespannt sei, was es morgen für Gerichte gebe. Darauf antwortete die Kellnerin mit einem Stakkato an Sätzen, die in Virginias Ohren zu einem einzigen, völlig unverständlichen Wort verschmolzen. Vita machte große Augen und presste die Lippen zusammen, bis die Kellnerin gegangen war. Dann prustete ihre feine Aristokratin ungeniert los.

»Du wirst es nicht glauben, *Darling*, aber du wirst dieses wunderbare Mahl noch öfter essen können. Dieses Hotel ist nur eine touristische Durchgangsstation, offenbar bleibt niemand mehrere Tage, so wie wir. Und darum gibt es hier jeden Tag das Gleiche.«

»Ist ja nicht wahr!«

»O doch!«

Lachend verließen sie das Restaurant zu einem Spaziergang. Es war viel los, gerade fand der jährliche Jahrmarkt statt. Ein Zirkus hatte ebenfalls seine Zelte aufgebaut, doch ihn wollten sie sich für morgen aufheben. Stattdessen schauten sie den Karussells zu und schlenderten zwischen unzähligen Buden umher, erwarben mit zwei Losen die Chance, eine lebendige Taube zu gewinnen – glücklicherweise waren es Nieten. Vita kaufte ein Taschenmesser und eine hübsche blaue Flasche mit allen erdenklichen, wie zufällig darübergestreuten Satzzeichen darauf, und Virginia entdeckte das perfekte Geschenk für Leonard, einen grünen Mantel aus Cordsamt. Vita erfragte für sie den Preis und erfuhr, dass es sich um einen Förstermantel handelte. »Förstermantel? Unsinn«, sagte Virginia und hielt das Stück prüfend vor sich. »Das ist selbstverständlich ein Wilderermantel. Gekauft.«

Später verließen sie das Ortszentrum und suchten sich einen schönen Platz im Gras eines Hangs.

»Nun sag doch mal«, schmeichelte Vita bald, die sich niedergelegt und den Kopf auf Virginias Schoß gebettet hatte, »wie geht die Geschichte aus für Orlando? Ich meine, wenn das jemand wissen sollte, dann doch wohl ich.«

»Ha, so kriegst du mich nicht!« Energisch verstrubbelte sie Vitas Haar. »Es ist doch nur noch eine Woche hin, du erfährst es mit allen anderen. Aber eins kann ich dir schon verraten: Du wirst eine ganz besonders gebundene Ausgabe erhalten, allerdings wird sie wohl nicht mehr rechtzeitig fertig. Ich schenke sie dir dann irgendwann.«

Vita hob den Kopf und sah sie empört an. »Du Biest!«

Virginia lachte lauthals. »Keine Sorge, am Erscheinungstag bekommst du erst einmal die gewöhnliche Ausgabe. Aber jetzt vergiss Orlando und versprich mir lieber, dass du im Oktober mit nach Cambridge kommst und mich bei meinem Vortrag unterstützt.«

In der nächsten halben Stunde setzte sie Vita ausführlich auseinander, was sie den Studentinnen darlegen wollte über die besonderen Herausforderungen, vor die das Schreiben von Literatur Frauen in der Vergangenheit gestellt hatte und immer noch stellte.

Vita hörte schweigend zu, nur um schließlich zu sagen: »Wie seltsam feministisch du doch manchmal bist.«

»Es wundert mich wirklich, das von einer Frau wie dir zu hören, die das alles im Prinzip doch längst lebt.«

Vita setzte sich auf. »Na ja, aber manchmal kommt es mir so vor, als hättest du etwas gegen Männer. Ich glaube eigentlich, sie sind bessere Anführer, als Frauen es sein können. Mir gefällt am männlichen Prinzip der Wille zum Herrschen und zum Ergreifen von Besitz. Es liegt so viel Kraft darin. Aber aufs Schlachtfeld möchte ich auch nicht ziehen.«

Virginia schnaubte. »Vielleicht gäbe es ja keine Schlachtfelder, hätten Frauen die Führung inne. Aber nein, ich habe nichts gegen Männer, auch nichts gegen Macht an sich, sondern nur gegen ihre Ungleichverteilung, gegen die Unterdrückung von so viel Potenzial.«

Vita behagte das Thema ganz offensichtlich nicht, und sie lenkte ein. »Das klingt natürlich vernünftig. Ich werde mir deinen Vortrag anhören. Wollen wir jetzt unseren Männern schreiben?«

Das brachte Virginia zum Schmunzeln, und während sie genau das taten, löste die kleine Missstimmung sich wieder in nichts auf. Weil es sich plötzlich zuzog und kalt wurde, kehrten sie bald in den Gasthof zurück. Nach dem Abendessen trafen sie sich auf Vitas Zimmer, und Virginia nahm ein altes Manuskript mit, das sie wohlweislich eingepackt hatte, weil sie es Vita schon längst einmal hatte vorlesen wollen. Heute war der perfekte Abend dafür gekommen.

»Ich möchte dir einen Teil eines alten Texts vorlesen, den ich vor langer Zeit schon bei einem der Treffen des Memoir Clubs vorgelesen habe, zu denen sich die Bloomsberries ab 1920 für eine Zeit lang regelmäßig trafen, um in absoluter Offenheit über die Vergangenheit zu reden. Der Text wird dir einiges über mich und die Art, wie ich aufgewachsen bin, erklären.«

Vita, die gerade Wein einschenkte, sah überrascht auf. »Ich weiß ja nicht, ob man dich je vollständig erklären kann, aber ich bin ganz Ohr. Komm, setzen wir uns ans Feuer.« Zwei große Sessel standen einladend vor dem Kamin.

»Du weißt ja, dass meine Mutter drei Kinder mit in die Ehe mit meinem Vater gebracht hat, zwei Jungen und ein Mädchen. Meine Stiefschwester Stella war ein wunderbares Wesen. Die Ärmste übernahm nach dem Tod unserer Mutter 1895 all ihre Pflichten und ruinierte sich dabei beinahe ebenso wie sie, denn unser Vater war beinahe taub, exzentrisch, besessen von seiner Arbeit und in allen Alltagsdingen gänzlich untüchtig. Zwei Jahre später heiratete sie, was sie eigentlich hätte retten sollen, doch kurz darauf starb sie qualvoll an einer Bauchfellentzündung. Danach kamen ihre Pflichten vor allem Nessa als nun ältester Schwester zu, aber als das neue Familienoberhaupt spielte sich unser Stiefbruder George auf. Alle Ehre, die Außenstehende, vor allem die alten Damen, ihm entgegenbrachten, gebührte ihm allein, man sagte ihm, er sei für uns anderen Kinder nicht nur Bruder, sondern auch Schwester, Mutter und Vater zugleich. Wie heroisch und selbstlos! Und selbstverständlich mussten wir ihm für diese Aufopferung außerordentlich dankbar sein.

Er machte es sich auch zur Aufgabe, uns in die Gesellschaft einzuführen, oder, sagen wir, er nahm sich dafür zuerst vor allem Nessa vor, suchte ihr Kleider aus, überhäufte sie mit Geschenken, nahm sie mit ins Theater, zu Bällen und anderen Anlässen und tat mit ihr anschließend das, was er später auch mit mir machen würde. Nur setzte sie sich sehr viel mehr zur Wehr als ich, blieb widerständig, sodass er schließlich zu dem Schluss kam, ich sei das Stephen-Mädchen, in das seine Mühen zu investieren sich mehr lohnen würde.« An dieser Stelle sah Vita, die bislang ins Feuer geblickt hatte, alarmiert auf. »Ich glaube, ab hier halte ich mich an meinen Text.«

Sie las also vor, wie George am Morgen nach einem furchtbaren Streit mit Vanessa in ihr Zimmer gekommen war, als sie gerade über ihrer Griechischlektüre saß. Mit ernster und gleichzeitig furchtbar trauriger Miene überreichte er ihr ein Geschenk in einem samtenen Etui. Es war eine kleine Maultrommel aus Emaille, an deren Zunge ein tropfenförmiges blassrosa Steinchen hing. Nachdem sie sie bewundert hatte, begann er ihr seine Version des vergangenen Abends zu erzählen. Sie hatten zu einer Abendgesellschaft von Lady Arthur Russell fahren wollen, wo Vanessa es eine Woche zuvor gewagt hatte, sich über Stunden an keinem einzigen Gespräch zu beteiligen. Blamiert hatte sie ihn, lächerlich gemacht, und nun hatte sie es richten sollen. Doch in der Droschke auf dem Weg stritten sie heftig, und keiner der beiden betrat an diesem Abend das Haus Lady Russells. Vanessa habe im Zorn so sehr gewütet, dass er Angst bekommen habe, erzählte George, in Tränen aufgelöst sei er gewesen, und nun wolle er Vanessa nie wieder bitten, mit ihm auszugehen, denn niemand, niemand solle behaupten können, er zwänge jemanden zu irgendetwas. Nein, er tue doch nur, was ihrer beider Mutter sich von ihm gewünscht hätte. Er opfere sich auf, und das also sei der Dank. Untröstlich war er gewesen.

»Damals«, unterbrach Virginia, »habe ich nicht durchschaut, wie perfide er mich gegen meine Schwester ausspielte, wie sehr er mich manipulierte. Er tat mir tatsächlich aufrichtig leid. Und so trat ich an Vanessas Stelle und erlebte bald einen scheußlichen ersten Abend, der sich noch oft in ähnlicher Weise wiederholen sollte.«

Zwei Stunden lang hatte sie auf einem Ball herumgestanden, um mit fremden jungen Männern bekannt gemacht zu werden und zwei sehr schlechte Runden zu tanzen. Danach nahm George sie in ein frivoles Theaterstück mit, in dem ein Mann eine Frau über die Bühne jagte, bis sie erschöpft aufs Sofa fiel und er sich auf sie stürzen konnte. Der Abend endete auf einer drittklassigen Gesellschaft, die an Langeweile nicht zu überbieten war. Wie erleichtert man doch sein konnte, wenn so ein Abend zu guter Letzt vorüber war!

Endlich zu Hause, hatte sie sich in einem wirren Strudel von Empfindungen entkleidet und war erschöpft ins Bett geschlüpft. Sollten so jetzt ihre Abende aussehen? Es war furchtbar gewesen, doch sie ahnte nicht, dass es noch am gleichen Abend viel furchtbarer kommen sollte. Nein, sie hatte sich nur ausstrecken und alles, alles vergessen wollen.

»Der Schlaf war fast zu mir gekommen«, las Virginia. »Das Zimmer war dunkel. Das Haus war still. Dann öffnete sich leise knarrend die Tür, und jemand trat vorsichtig ein. ›Wer da?‹, rief ich. ›Hab keine Angst‹, flüsterte George. ›Und mach das Licht nicht an, Liebes. Geliebte …‹, und er warf sich auf mein Bett und nahm mich in die Arme. Ja, die alten Damen von Kensington und Belgravia wussten nicht, dass George Duckworth nicht nur Vater und Mut-

ter, Bruder und Schwester für die armen Stephen-Mädchen war,
sondern auch ihr Liebhaber.«

Das Feuer im Kamin war fast heruntergebrannt, und Vita war
blass geworden. »Meine Güte, Virginia, das ist ja furchtbar!«

Sie zuckte mit den Schultern. »Aber das eigentlich Schlimme
ist doch: An meiner Geschichte ist nichts Ungewöhnliches. Nessa ging es ebenso und meiner Halbschwester Stella auch. Mein
Vetter James Kenneth Stephen stellte ihr eine Zeit lang ungeheuer nach, tauchte unangekündigt auf und jagte sie durch die
Wohnung. Ich war noch ein kleines Kind und hatte furchtbare
Angst vor ihm. Mutter ging es ähnlich, sie schützte Stella nicht.
Männer waren eben so, hieß es, und man konnte nichts dagegen
tun. Er war von der besonders schlimmen Sorte, gewalttätig und
brutal. Es war zu der Zeit, als der Ripper umging. Erschrick jetzt
bitte nicht, aber er war tatsächlich unter den Verdächtigen, wurde dann aber bald ausgeschlossen. Dennoch, er hat Frauen gehasst
und wurde später verrückt, kam in eine Anstalt.« Sie seufzte. »Vermutlich kann fast jede Frau, die im viktorianischen England aufgewachsen ist, etwas Ähnliches erzählen.«

Vita war nachdenklich geworden. »Ich glaube, da hast du recht,
wenigstens fällt auch mir gleich etwas dazu ein.«

»Magst du es erzählen?«

»Viel gibt es nicht zu sagen, denn ich hatte Glück.« Vita zog
die Beine in den Sessel. »Ich war einige Zeit zuvor in die Puber-
tät gekommen und irritiert von den körperlichen Veränderun-
gen, und mein Patenonkel begann, mir Komplimente zu machen,
als er für eine Weile auf Knole zu Gast war. Meine verschämten
Reaktionen machten ihm Freude, und als ich ihm einmal etwas
in sein Zimmer brachte, nutzte er die Gelegenheit und warf mich
auf das Bett. Er hatte seine Hand schon unter meinem Rock und
hätte mich wohl vergewaltigt, wenn in dem Moment nicht ein

Dienstmädchen geklopft und ich nicht sofort die Gelegenheit zum Verschwinden ergriffen hätte.«

Virginia nickte. »Das bedeutet es eben unter anderem auch, wenn Männer besitzergreifend sind. Solange Frauen machtlos sind, ergreifen Männer Besitz von ihnen, wann immer sie wollen. Das ist es, was ich als Kind gesehen und erfahren habe. Und ich habe mich dafür gehasst, einen weiblichen Körper zu haben, der so benutzt werden kann, und dafür, so machtlos zu sein. Manchmal tue ich es noch heute.«

Vita stand auf und umarmte sie. »Was auch immer war, heute bist du die stärkste Frau, die ich kenne. Du hattest recht. Ich verstehe dich jetzt viel besser und danke dir sehr.« Sie küsste sie auf die Stirn. »Bleib heute Nacht bei mir. Geh schon vor ins Bett, ich mache dir eine Wärmflasche.«

Das war ihre Vita. Ihr Herz schmerzte, so sehr liebte sie sie in diesem Moment.

៦

Eine Frau muss Geld und einen Raum für sich allein haben,
um Literatur zu verfassen. Und diese Tatsache lässt,
wie Sie sehen werden, die Frage nach dem wahren Wesen der
Frau und dem wahren Wesen der Literatur unberührt.
Virginia Woolf, *Ein Zimmer für sich allein*

[...] dass es für alle Literaturverfassenden fatal ist, an ihr Ge-
schlecht zu denken. Es ist fatal, schlicht und einfach nur Mann
oder Frau zu sein; stattdessen muss man auf weibliche Weise
Mann oder auf männliche Weise Frau sein. [...] Bevor das Werk
der Schöpfung vollendet werden kann, müssen Mann und Frau
im Geiste zusammenwirken. Eine Ehe der Gegensätze muss
vollzogen werden.
Virginia Woolf, *Ein Zimmer für sich allein*

៦

Kathleen Raine prüfte den Sitz ihres besten Kleides, schlüpfte in ihre neuen Schuhe und sah dann noch einmal in den Spiegel. Wie glücklich sie sich doch schätzen konnte! Schon als Neunjährige hatte sie gewusst, dass sie Dichterin werden wollte. Dank ihrer Tante, einer angesehenen Dorflehrerin, zu der sie ihre Eltern während des Großen Kriegs nach Northumberland in einen Pfarrhaushalt mit gut ausgestatteter Bibliothek schickten, hatte sie früh nicht nur die schottischen Balladen, sondern auch Wordsworth, Keats, Scott und Milton kennengelernt. Zurück bei den Eltern in Ilford probierte sie sich weiter aus, jubelte mit zwölf über die erste Veröffentlichung im Schulmagazin, eine Ballade, die die allseits bekannte Geschichte von King Alfred and the Cakes behandelte, in der der König auf der Flucht vor den Wikingern unerkannt bei einer Bauersfrau Zuflucht fand und Schelte von ihr erntete, als er das Gebäck, auf das er achtgeben sollte, verbrennen ließ. Und heute nun würde sie zum ersten Mal eine berühmte Schriftstellerin aus der Nähe sehen, mit ihr in einem Raum sein. Virginia Woolf kam ans College, um einen Vortrag über Frauen und Literatur zu halten.

Die Tür wurde aufgerissen, ein paar Zimmernachbarinnen schauten herein. »Fertig? Wir wollen doch nicht zu spät kommen!«

Mit der flachen Hand glättete Kathleen ihren Eton Crop – die langen Locken hatte sie gern drangegeben, um einigermaßen mit dem Schick ihrer Mitstudentinnen mitzuhalten. »Bin so weit!« Die meisten hier kamen aus besserem Hause als sie, das College konnte sie sich nur wegen eines Stipendiums leisten. Die anderen nahmen sie in ihre Mitte, und zusammen eilten sie die ehrwürdigen Korridore entlang, scheinbar endlos lang gestreckt, hoch wie Kirchengewölbe.

Obwohl Kathleen letztendlich Naturwissenschaften belegt hatte, weil sie Lehrerin werden sollte, war ihr Interesse an Literatur ungebrochen. Sie engagierte sich in der Theaterszene des College und besuchte viele frei zugängliche Vorlesungen der literaturwissenschaftlichen Fächer. An ihren Gedichten arbeitete sie, wann immer etwas Zeit übrig blieb.

Die Zusammenkunft fand im Empfangssaal von Girton statt, der mit seinen den Großteil der ansonsten holzvertäfelten Wände einnehmenden, vom Boden bis zur Decke reichenden Gobelinstickereien, auf denen exotische Pflanzen und Tiere abgebildet waren, wie die Kulisse eines Märchens aussah. Die Bildteppiche stammten von Lady Julia Carew, einer der frühen Gönnerinnen des 1869 gegründeten College, deren Porträt an der Kopfseite des Saals über dem ebenfalls holzgetäfelten Kamin hing. Erhaben saß sie da, in einem Kleid aus prächtiger weißer und blauer Seide, den Blick sinnierend in eine Ferne oberhalb des Betrachters gerichtet. Und dennoch, so schien es Kathleen, bestand keinerlei Zweifel daran, dass sie alle immer noch unter Aufsicht der liberalen Aristokratie standen. Das große Klavier, drapiert mit orientalischen Stickereien, war beiseitegeschoben und durch ein mit Satin und Blumen geschmücktes Rednerpult ersetzt worden. Regen prasselte an die getönten neugotischen Fenster. Kathleen war feierlich zumute, als sie mit ihren Freundinnen Platz nahm.

Auf den Stühlen wurde getuschelt und gelacht. Glatt gelegte

Eton Crops glänzten um die Wette mit chinesischen Seidenschals, die mit Blumen und Vögeln bestickt und wie Schmetterlingsflügel um die Schultern der Glücklichen drapiert waren, die sie sich leisten konnten. Plötzlich schwoll das Gemurmel an, um kurz darauf ganz zu verstummen. Sie waren da. Flankiert von zwei Dozentinnen kamen die beiden schönsten Frauen herein, die sie je gesehen hatte: Virginia Woolf und, überraschenderweise, ihre Freundin Victoria Sackville-West, die erste ätherisch und durchscheinend, die zweite rosig und energisch, außerdem eine Dichterin! Die vier setzten sich auf etwas abseits gestellte Stühle, besprachen sich kurz, und dann gab eine der Dozentinnen eine Einführung, von der Kathleen kaum etwas mitbekam. Endlich erhob sich Virginia Woolf, sah noch einmal zu ihrer Freundin, die ihr lächelnd zunickte, und trat dann an das Pult.

Virginia betrachtete die jungen Frauen, die ohne Ausnahme erwartungsvoll zu ihr aufblickten. Sie war auf Einladung der ODTAA hier, einer Studentinnenverbindung, die sich mit dem Kürzel für *Eine verdammte Sache nach der anderen* ein gar nicht unvernünftiges Motto ausgedacht hatte. Wie froh sie selbst sein würde, wenn *die verdammte Sache* des heutigen Tages erst hinter ihr läge, würde sie diesen Frauen verschweigen. Nein, nein, nein, sie mochte es nicht, Vorträge zu halten, sie brauchten ewig in Vorbereitung und Ausführung – warum sollte man sich so etwas anhören wollen? –, und sie machte es nicht gut. Vor einigen Tagen hatte sie schon an dem anderen Frauencollege von Cambridge, Newnham, gesprochen, dort geladen von der Arts Society und begleitet von Leonard. Der heutige Tag sollte ihr Schwanengesang werden. Danach keine Vorträge mehr! Es regnete bereits den ganzen Tag in Strömen, das passte doch wunderbar.

Heute war Vita mitgekommen, und die hatte sie sofort durchschaut. »Sei doch nicht so nervös, *Darling*«, hatte sie ihr eben noch zugeflüstert. »Du weißt doch, sobald du angefangen hast, läuft es wie am Schnürchen, und alle hängen dir an den Lippen.«

Also gut. Heute würde sie zu Beginn gleich ihre Erfahrung von letzter Woche am Newnham College einfließen lassen, das sie hier freilich Fernham nennen würde. Als fiktive Erzählerin Mary führte sie die Studentinnen zunächst auf den Campus des ebenfalls fiktiven Männercolleges Oxbridge, wo ihr zuerst der Zutritt zum Rasen und danach der zur Bibliothek verwehrt wird. Immerhin kann sie den Lunch dort einnehmen: Seezunge, Rebhuhn mit dünnen Kartoffelscheiben, Soßen und Salate, junger Kohl, reichlich Wein und ein exquisiter Pudding. Das Dinner findet dann am Frauencollege statt: Es gibt eine Brühe mit nichts darin, nicht einmal einem Muster auf dem Grund des Tellers, verkochte Kartoffeln mit Rindfleisch und welkem Kohl, zum Nachtisch Dörrpflaumen mit ein wenig Vanillesoße und Käsekräcker. Zum Herunterspülen: Wasser.

Selbstverständlich diente Virginia diese Analogie nur als Metapher für das große Ganze: Immerhin, es gab seit einigen Jahrzehnten Frauencolleges, doch immer noch war ihre Ausstattung ungleich ärmlicher, ihre Regeln ungleich strenger, das Finden von Gönnern ungleich schwieriger. Und, nicht zu vergessen, das Interesse an einer guten Frauenbildung ungleich niedriger.

Auf dem Gelände begegnet die Erzählerin Mary einer Manxkatze, einem Tier, dem der Schwanz fehlt. »Wie absurd sie aussieht«, sagte Virginia alias Mary, nun schon ganz in ihrem Element und bereit, eine Pointe zu platzieren. »Armes Ding. Schon seltsam, was für einen Unterschied so ein Schwanz macht.«

Verschämtes Kichern unter den jungen Frauen, die die Anspielung wohl verstanden. Nun schickte sie ihre Erzählerin auf die Suche nach dem Ursprung dieser Ungleichheit; ließ sie die Rolle der Frau als Mutter und Spiegel, in dem ihr Mann sich doppelt groß sehen konnte, ihre Mittellosigkeit und das Gebundensein ans Haus als wesentliche Elemente finden, um daraufhin von der Vergangenheit aus das literarische Schaffen von Frauen zu betrachten.

»Was, frage ich Sie, wäre gewesen, wenn Shakespeare eine Schwester gehabt hätte, ausgestattet mit den gleichen Fähigkeiten und Ambitionen wie ihr Bruder?« Nach einer Kunstpause fuhr sie fort. »Abgesehen davon, dass sie keine Schule hätte besuchen können, wären ihre Wünsche als bedeutungslos, sogar als ungehörig betrachtet worden. Nur heimlich hätte sie Bücher studieren und Gedichte schreiben können, und selbst wenn es ihr vor ihrer Zwangsheirat gelungen wäre zu fliehen, um wenigstens Schauspielerin zu werden, hätte man sie im Theater nur ausgelacht, Hilfsarbeiten machen lassen und alsbald geschwängert. Die Vermutung liegt nahe, sie hätte keinen anderen Weg als den Freitod gesehen, bevor sie das zwanzigste Lebensjahr erreicht hätte.«

Eine gewisse Entwicklung hatte inzwischen immerhin stattgefunden; von nicht schreiben können zu nicht dürfen zu es anonym oder unter männlichem Pseudonym tun zu es ledig oder wenigstens kinderlos tun. Aber unter welchen Umständen auch immer, seit dem achtzehnten Jahrhundert war es nicht mehr nur der weiblichen Aristokratie gegeben, zum Zeitvertreib zu dichten, sondern es wurde Frauen aus dem Mittelstand möglich, mit dem Schreiben Geld zu verdienen.

»Aphra Behn«, sagte sie mit einem Blick auf Vita, »nahm sich diesen Raum sogar noch fast hundert Jahre früher. Wir müssten alle Blumen auf ihr Grab legen, denn sie hat als Erste für uns das Recht erfochten, zu sagen, was wir denken.«

Gute Bücher entstanden in der Folge, die Namen von Frauen prägten sich ein. Jane Austen, Charlotte Brontë, George Eliot.

Doch auch das Erfahrungsfeld dieser Frauen war eingeschränkt geblieben, kam über das häusliche Umfeld und das Untersuchen der menschlichen Beziehungen darin noch nicht hinaus, die Welt eroberten sie literarisch noch nicht. Und die fehlende Tradition weiblicher Literatur erschwerte es, einen eigenen Stil zu finden, der weder an dem der Männer orientiert war noch ihm aus reiner Wut über die Verhältnisse vollkommen zuwiderlaufen wollte.

»Darum ist es wichtig, ein passendes Umfeld zu schaffen und finanzielle Unabhängigkeit zu erreichen. Ich sage, jede schreibende Frau braucht ein Basiseinkommen von fünfhundert Pfund im Jahr, und sie braucht ein eigenes Zimmer, in dem sie ihren Gedanken ungestört Raum geben kann. Diese Freiheit ist von enormer Bedeutung.«

Nachdem sie dies ein wenig ausgeführt hatte, kam sie noch auf einen Gedanken zu sprechen, auf den Vita mit ihrer Doppelnatur sie einst gebracht hatte und auf den sie während der Vorbereitung auch bei dem romantischen Dichter Samuel Taylor Coleridge gestoßen war.

»Im Grunde ist es verheerend«, sagte sie, »als jemand, der schreibt, über sein Geschlecht nachzudenken. Denn es scheint, dass unser Geist sowohl eine weibliche als auch eine männliche Seite hat und gute Literatur vor allem in der Verschmelzung von beidem entsteht, weil erst diese einen ungetrübten Blick ermöglicht. Denken Sie einmal an Shakespeare, besaß er nicht diese Androgynität? Keats, Tolstoi und in unserer Zeit Proust?«

Virginia war sich nicht sicher, ob sie ihre Zuhörerinnen mit diesem Gedanken überforderte, aber ein Blick auf die Uhr sagte ihr, dass sie nun unbedingt zu ihrem Fazit springen musste. Schon in Newnham hatte sie einiges von dem, was sie vorbereitet hatte, auslassen müssen, ihr Skript war viel zu lang, ihre spontanen

Abschweifungen, die sie sich auch heute nicht hatte verkneifen können, zu ausufernd.

»Meine lieben jungen Frauen, passen Sie auf«, sagte sie also, »ich komme nun zum Schluss. Vielleicht denken einige von Ihnen: Fünfhundert im Jahr, ein eigenes Zimmer, wie soll ich das erreichen? Dann möchte ich Sie noch einmal daran erinnern, wo wir uns hier heute befinden: in einem der zwei Frauencolleges in England. Ich möchte Sie daran erinnern, dass eine verheiratete Frau seit 1880 vom Gesetz dazu berechtigt ist, über Eigentum zu verfügen. Dass Frauen seit 1919 wählen dürfen, seit diesem Jahr vollumfänglich, und dass Ihnen allen inzwischen die meisten Berufe offenstehen. Die Ausrede, es gebe zu wenig Möglichkeiten für uns, gilt nicht mehr dank der Frauen, die vor Ihnen waren.

Werfen Sie sich in die Dunkelheit und die Mühsal, die der weitere Weg noch mit sich bringen wird, stellen Sie sich in Beziehung zur ganzen Realität, nicht nur der Welt der Männer und Frauen, ich verspreche Ihnen, es ist die Mühe wert. Eignen Sie sich Freiheit an und haben Sie den Mut, über das zu schreiben, was Sie denken. Die guten Dinge des Lebens sind nicht nur für Männer reserviert. Eine verdammte Sache nach der anderen, wie es Ihre Studentinnenverbindung ganz richtig beschreibt. Ach ja, und trinken Sie bitte unbedingt mehr Wein!«

Kurze Stille, dann brandete überschwänglicher Applaus auf. Sie blickte in gerötete, erhitzte Gesichter, sah Leidenschaft in Augen blitzen. Sie sollte, ging es Virginia vage durch den Kopf, diesen Vortrag unbedingt gründlich ausarbeiten. Ein vortreffliches Büchlein könnte daraus entstehen.

Nach dem Vortrag wurden Kaffee und Kuchen gereicht, die Frauen bekamen die Möglichkeit, ihr Fragen zu stellen, zu diskutieren, zu plaudern, und bald hatte sich ein aufgeregter Pulk um Virginia herum gebildet. Die jungen Frauen sprachen ohne Scheu, schienen gar nicht beeindruckt von Alter und Leumund. Und unter ihnen, das stellte sie eindeutig fest, fühlte sie sich ziemlich alt.

Kathleen rang mit sich, ob sie es wagte, auf ein Wort zu Mrs Woolf zu gehen und ihr zu danken. Schon zu Beginn des Vortrags hatte sie immer wieder denken müssen: Heute sind zwei Göttinnen vom Olymp herabgestiegen, und am Ende dieses Tages werden sie wieder dorthin zurückkehren. Ein Wort, das sie kürzlich gelesen hatte, kam ihr in den Sinn. *Mana.* Als Meisterinnen ihrer Kunst waren die beiden mit der Würde ihres Berufs ausgestattet, der ererbte Ruhm ihrer literarischen Vorgänger umhüllte sie. Doch wenig später hatte Mrs Woolf darauf aufmerksam gemacht, dass diese Vorbilder bislang vor allem Männer gewesen seien und dies eine der Gegebenheiten sei, die es Frauen erschwerten, selbstbewusst ihre eigene Stimme zu finden: Sie konnten auf keine lange Tradition von ihresgleichen zurückblicken, keine Stütze darin finden. Und es stimmte. Welchen Geschlechts waren denn die Dichter gewesen, die sie selbst als Kind beeindruckt hatten?

Kathleen war sich ganz und gar nicht sicher, ob sie nach dem College je wieder ein Zimmer für sich allein haben, ob sie es schaffen würde, eine gute Dichterin zu sein. Aber jetzt spürte sie die Pflicht in sich, es wenigstens zu versuchen. Sie fasste sich ein Herz und stand auf, um ein, zwei Sätze mit Mrs Woolf zu sprechen. Als sie an der Reihe war, verhaspelte sie sich gleich beim ersten Satz und errötete. Mrs Woolf berührte sie kurz mit ihrer filigranen Hand am Arm und lächelte sie an. »Ihre Rede war eine wirkliche Inspiration für mich«, begann sie erneut.

Was für ein zierlicher Spatz diese junge Frau war, dachte Virginia. Sie berichtete ihr, der Gedanke daran, dass eine Schriftstellerin mit anderen Problemen konfrontiert sein könnte als ein schreibender Mann, dass sie erst einmal die Voraussetzungen dafür schaffen musste, um wirklich gut schreiben zu können, sei ihr bis heute nie gekommen. Nun stehe für sie jedoch fest: Lehrerin, wie von den Eltern gewünscht, werde sie nicht werden, sie wolle es mit dem Schreiben und allem dazu Nötigem versuchen. Romane aber wolle sie nicht schreiben, die Poesie sei ihre Passion.

»Dann müssen Sie unbedingt mit meiner Freundin sprechen, sie wird sich sehr freuen«, verwies Virginia sie an Vita, woraufhin das Mädchen sich bedankte und weiterging. Wenig später sah sie sie, bebend vor Enthusiasmus, im intensiven Gespräch mit Vita. Möglich, dass ihre Unbedarftheit sie ein Stück auf ihrem Weg tragen würde.

Viele dieser Frauen hier erschienen Virginia ausgehungert, bedürftig, aber alle waren sie intelligent und eifrig bei der Sache. Durchaus selbstbezogen – was nie sympathisch wirkte, aber vonnöten war. Und doch würden beinahe alle von ihnen letztlich nicht die Welt der Literatur um neue Nuancen bereichern, sondern Lehrerinnen werden und bleiben, oder nicht? Ach, manchmal glaubte Virginia daran, dass die Welt sich ändern konnte. Schließlich hatten Gedanken die Fähigkeit, sich zu verbreiten. Mit einem Mal fühlte sie sich sehr lebendig. Vielleicht hatte sie heute einen Samen in die Köpfe dieser jungen Frauen gepflanzt. Vielleicht würden sie ihn weitertragen. Und vielleicht würde er irgendwann aufgehen.

ACHT

Ein heller und beständiger Stern: Verbindung
(1929 bis 1941)

»Liebe«, sagte Orlando.
Orlando

℘

*Ich beginne, [...] darüber nachzudenken, dass du
in kaum mehr als zwei Wochen hier sein wirst. [...]*
Vita an Virginia, 26. Dezember 1928

*Wie lustig: Gerade heute Nacht hatte ich mir gedacht:
»Ich habe schon lange nichts mehr von Virginia gehört –
ich werde ihr morgen schreiben« – und dann kam dein Brief.*
Vita an Virginia, 22. Februar 1939

Deine Freundschaft bedeutet mir so viel.
Vita an Virginia, 24. April 1940

*Und du sitzt da, während um dich herum die Bomben
fallen. Was kann ich sagen – außer dass ich dich liebe [...].
Du hast mir solches Glück geschenkt.*
Virginia an Vita, 30. August 1940

*O liebstes Wesen – jetzt hast du den ganzen Berg
deiner Wohltaten mit einem Feuerzeug gekrönt.
Ein Nachttopf, Butter, Wolle, Bücher, das Feuerzeug
obenauf. Nun musst du aufhören. [...] Ich nehme an,
dein Obstgarten beginnt wieder zu blühen [...]. Einer
der Anblicke, die ich auf meinem Sterbebett sehen werde.*
Virginia an Vita, 4. März 1941

℘

Je hässlicher eine Stadt war, desto mehr musste man darin unternehmen, um sich darüber hinwegzutrösten. Diesem Leitspruch der vergangenen Woche hatten sie wirklich alle Ehre gemacht. Doch jetzt, bei Nacht, von hoch oben aus dem Restaurant des »Funkelturms« betrachtet, wie sie das Bauwerk seiner Illumination und der riesigen Reklametafel wegen nannten, war nur ein Meer aus Lichtern dort unten zu sehen und vermittelte eine wohlige Heimeligkeit, die durch das Wissen, dass draußen Minusgrade herrschten, während sie hier zu zweit im Warmen bei Kerzenschein vor ihrer Ente saßen, nur noch verstärkt wurde. Um sie herum fremdsprachiges Gemurmel, das schnell zu Hintergrundrauschen wurde, weil das Gehirn sich nicht automatisch mühte, ihm einen Sinn zu entnehmen.

»Wie hast du es nur geschafft, dass wir wenigstens diesen letzten Abend allein miteinander verbringen können?«, fragte Vita. Sie bildete sich gern ein, es wäre ihren unglücklichen Briefen zu verdanken, dass sich halb Bloomsbury aufgemacht hatte, sie zu besuchen. Jeden Tag hasste sie ihre Pflichten als Ehegattin mehr, verstand nicht, was Harold daran fand, den ehemaligen Reichskanzler Stresemann zu treffen und mit ihm in seiner Funktion als Außenminister über den Eintritt Deutschlands in den Völkerbund oder den Rückzug aus dem besetzten Rheinland zu diskutieren. »Ich hatte schon nicht mehr daran geglaubt.«

»Leonard war nicht das Problem«, sagte Virginia. »Und an Nessa habe ich nur meine Seele verkauft, mehr hat sie nicht verlangt.«

Vita lachte und prostete ihr mit dem Weinglas zu. »Wenn ich nur daran denke, wie wütend sie war, als ich dich nach Schloss Sanssouci entführt habe!«

»Das hat sie sogar schon vorhergesehen, nachdem ihr klar geworden war, dass du hier auch ein Automobil hast.« Sie äffte die Stimme ihrer Schwester nach. »›Ich sehe es schon vor mir, Vita wird den ganzen Tag mit ihr herumflitzen!‹«

Neben Leonard und Nessa waren auch Duncan und Quentin mit nach Berlin gekommen, Vitas Vetter Eddie war ebenfalls vor Ort, sodass sie in Wahrheit praktisch keine Zeit zu zweit hatten verbringen können. Die Tage und Abende waren vollgestopft gewesen mit Unternehmungen. Sie hatten das Planetarium besucht und waren davor gleich noch in den in der Nähe gelegenen Zoo gegangen. Im Wellenbad von Halensee gingen sie schwimmen, besuchten danach Harry Graf Kessler zum Tee. Duncan und Nessa hatten diverse Museen und Galerien ausgesucht, denen unbedingt ein Besuch hatte abgestattet werden müssen, und Leonard war nicht auszureden gewesen, sich jede Oper anzuhören, die gerade gegeben wurde. Darüber hinaus hatte er für einen kleinen Eklat gesorgt, indem er sich geweigert hatte, an einem von Harold organisierten Essen mit seinen Diplomatenfreunden teilzunehmen.

Auch in das frivole Nachtleben in der Metropole des Lasters, das Vita in ihren Briefen bereits farbenfroh geschildert hatte, hatten sie einen Abstecher gemacht, doch nach mehr als einer Bar, in der geschminkte Männer in Kleidern mit Frauen in Hosen tanzten, stand ihnen nach den anstrengenden Tagen dann doch nicht der Sinn. In Sanssouci schon hatte Virginia Herzflattern verspürt und unvermittelt zu zittern begonnen, ein deutlicher Fingerzeig, ein wenig vorsichtiger zu sein, doch nun war es sowieso gleich: Morgen würden sie die Heimreise antreten. Sie war wirklich froh, noch diesen einen Abend mit Vita zu haben. Ihr lag etwas auf dem Herzen, doch vorerst brachte sie es noch nicht heraus.

»*Orlando* ist immer noch eine große Erfolgsgeschichte«, sagte sie stattdessen, während sie in ihrem Nachtisch, einem Apfelküchlein, herumstocherte. »13 000 verkaufte Exemplare in Amerika, stell dir das vor! Was Geld angeht, kann ich wohl endgültig entspannen.«

»Das freut mich sehr für dich, meine Liebe, auch wenn es zu meinen Lasten geht.« Gespielt genervt zog Vita die Augenbrauen hoch. »Offenbar beherrschen viele Deutsche unsere Sprache, denn dein Buch wird auch hier gelesen. Kurz bevor ihr ankamt, wurde ich beim Dinner einem Deutschen vorgestellt, der, als er meinen Namen hörte, zu starren begann und nicht mehr aufhörte. Plötzlich stieß er hervor: ›Sie sind Orlando!‹ Und ja, so sieht mich jetzt wohl die ganze Welt.«

Schneller als erwartet hatte Vita ihr eine Vorlage geliefert, die sie aufgreifen musste. Ihre spitze Zunge kam ihr zu Hilfe. »Bitte verzeih, wenn ich dich nicht bemitleide. Immerhin bist du noch genauso umtriebig wie Orlando zu ihrer besten Zeit. Da liegt der Vergleich doch nahe.«

Vita verging sofort die Lust auf ihren Kuchen. Sie wusste zu gut, worauf Virginia anspielte. Entgegen ihrem Vorsatz hatte sie sich doch noch ein paarmal mit Mary Hutchinson getroffen, nachdem ihre andere Mary inzwischen beschlossen hatte, ihrer Ehe den Vorzug zu geben. Und dann hatte Virginia auf ihre hellsichtige Art und Weise auch noch erahnt, dass sie wieder einmal Hals über Kopf neu verliebt war. Die BBC hatte Vita im letzten Jahr einige Male für Rundfunkvorträge engagiert, und

Hilda Matheson, die Leiterin der Abteilung Wort, hatte sie gleich magisch angezogen. Sie hatten sich einige Male privat getroffen, ihre Affäre bestand aber erst seit dem 10. Dezember, und seitdem hatten sie einander jeweils an die fünfzig Briefe geschrieben. Hilda bot ihr, was sie brauchte: Hingabe und Unterwerfung. *Ich will, dass du mich nimmst, dass du mich ganz und gar besitzt*: Wer konnte solchen Worten widerstehen? Virginia ahnte zweifellos etwas, doch noch würde Vita alles abstreiten.

Nach ihrer Rückkehr aus Burgund war Virginia plötzlich wieder deutlicher in ihren Liebesbekundungen geworden und hatte sich umgekehrt auch ihrer Liebe erneut und nachdrücklich versichern wollen, dabei eindeutig auf deren körperlichen Teil angespielt, was sonst kaum ihre Art war. Ob sie sie denn wirklich und sehr und leidenschaftlich und alles andere als vernünftig liebe? Völlig vereinnahmt von Hilda, hatte Vita sich irritiert gegeben und ansonsten wahrheitsgemäß ihre Liebe bestätigt. Nicht überzeugend genug, das wurde nun offensichtlich.

»Mir scheint, du bist wieder im Begriff, dich in eine Affäre zu stürzen, wenn du nicht schon mitten darin steckst«, sagte Virginia mit bebender Stimme. »Ich habe geglaubt, ich hätte es überwunden, aber die Eifersucht macht mir zu schaffen. Ich hätte deine Liebe, diese Art deiner Liebe, so gern für mich allein.« Sie sah aus dem Fenster, hinaus in die Nacht. »Und ich sehne mich danach, wieder von dir berührt zu werden.«

Vita wusste nicht, was sie sagen sollte. Sie konnte sich nur wiederholen. »Wir haben doch schon so oft darüber gesprochen. Ein Teil von mir braucht das einfach, aber meine Liebe zu dir wird davon nicht angetastet.« Sie zuckte erschrocken zusammen, als Virginia plötzlich mit der flachen Hand auf den Tisch hieb.

»Das sagst du so, doch wie soll ich glauben können, dass es stimmt?«

Verstohlen sah Vita sich um. »Virginia, sprich bitte leiser und gebärde dich nicht so. Die Leute schauen schon.«

»Ach was, die verstehen doch nichts!« Und noch ein Hieb auf den Tisch. »Es muss jetzt einmal heraus!«

Wie ließ die Situation sich retten? In diesen Dingen war sie doch so unbeholfen! Sie versuchte es mit einem Scherz. »Freud würde wahrscheinlich sagen, es ist unterdrückte Libido, die sich da gerade Bahn in deinem ungeheuerlichen Benehmen bricht. Und meinen würde er damit schlicht und einfach Lüsternheit.«

Verzweifelt barg Virginia kurz das Gesicht in den Händen und sprach dann leiser, aber immer noch nachdrücklich weiter. »Eines musst du verstehen. Für mich ist die Liebe mit all ihren Trieben etwas Grauenerregendes, weil sie so gewaltig ist, so überrollend. Für mich ist sie etwas Wunderbares und Todernstes zugleich, aber für dich ist der Geschlechtsakt das einzig Zauberhafte an der Liebe, und darum bist du so ungeheuer leichtfertig damit! Ich hatte immer Angst, mich gehen zu lassen, bis ich dich kannte. Ich habe sogar immer noch Angst, mich ganz fallen zu lassen, Todesangst. Aber für dich würde ich es tun, wenn ich mir sicher sein könnte, dass ich die Einzige für dich bin. Für mich ist der Sex mit dir ein ekstatischer Ausdruck unserer Liebe, ihr Höhepunkt. Für dich ist er … Ich weiß es nicht.«

Vita wollte sich winden, wollte fliehen, lügen, beruhigen, beschönigen. Aber es war Virginia, die vor ihr saß. Also sagte sie stattdessen die Wahrheit. »Für mich ist der Geschlechtsakt das Stillen eines Bedürfnisses, das in mir wohnt, stark und heiß. Und so, wie es erfüllt werden will, kann ich dir niemals ganz gehören, Virginia. Das ist etwas, das ich dir nicht versprechen kann.« Sie griff nach ihrer Hand, und Virginia ließ es zu. »Es tut mir unendlich leid, aber ich bin, was ich bin. Und eigentlich weißt du es doch schon.«

Virginia senkte den Kopf, um die aufsteigenden Tränen zu verbergen. »Du hast recht«, sagte sie schließlich. »Aber ich musste es wohl einmal in dieser Deutlichkeit sagen und in dieser Deutlichkeit hören.«

Nun starrten sie beide hinaus in die funkelnd dunkle Nacht. Etwas hatte sich verändert. Heute war der Tag, spürte Virginia, an dem der körperliche Teil ihrer beider Beziehung endgültig sein Ende gefunden hatte. In ihr hatte sich ein Schalter umgelegt, und was sie jetzt fühlte, war beinahe Erleichterung. Nun konnte ihre Freundschaft wirklich beginnen.

1929 BIS 1941

Und sie gingen aufeinander zu, und sie drifteten voneinander weg, sie waren sich nah und blieben sich fern, und auf die übervolle Nacht folgte ein leerer Tag, folgte erneute Annäherung. Und Virginia schrieb *Die Wellen,* und sie schrieb *Die Jahre,* sie schrieb *Drei Guineen,* und sie fand eine gute Freundin in Ethel Smyth. Und Vita schrieb *Schloss Chevron,* sie schrieb *Erloschenes Feuer* und *Eine Frau von vierzig Jahren,* sie verliebte sich hier und da, und sie fand die ersehnte Einsamkeit auf Sissinghurst Castle, und sie schuf einen Garten. Und sie stritten und vertrugen sich, und sie verstanden den Wert, den das Wissen um eine Verbundenheit hat, die auch ohne stetige Präsenz bestehen bleibt.

Und die Schriftstellerinnen und Schriftsteller schrieben mit ihnen, die Menschen taten sich wohl und weh, und aus Freunden wurden Liebende, und aus Liebenden wurden Freunde und manchmal Feinde, die Menschen kauften gute Bücher und schlechte, und ein Mann ergriff die Macht, die Welt in Besitz zu nehmen, und die Menschen verbrannten Bücher, und die Schriftstellerinnen und Schriftsteller flohen, und das Wort bedeutete nichts mehr.

Und ein anderer Mann löste den Spanischen Bürgerkrieg aus, und Vanessas Sohn Julian fiel, und mit ihm starben so viele andere.

Und der zweite große Krieg begann, und noch viel mehr Leben wurden vernichtet. Und die Welt wurde dunkel, und die Gemüter wurden dunkel, und die Hoffnung schwand.

∞

Ich wünschte, ich könnte meine Empfindungen in diesem
Augenblick beschreiben [...]. Ein körperliches Gefühl, als wäre
ein leichtes Trommeln in den Venen: sehr kalt, ausgeliefert
und voller Angst. Als wäre ich auf einem Sims in grellem Licht
zur Schau gestellt. [...] Als würde gleich etwas Kaltes und
Furchtbares passieren – ein brüllendes Gelächter auf meine Kosten.
Ich habe nicht die Kraft, es abzuwenden: Ich stehe völlig schutz-
los da. Und diese Angst und dieses Nichts umgeben mich
mit einem Vakuum. Betroffen sind vor allem die Schenkel.
Virginia in ihrem Tagebuch, 1. März 1937

Zum Glück interessiere ich mich für Depressionen
und zwinge mich zu einem Spiel, bei dem ich
die einzelnen Bruchstücke wieder zusammensetze.
Virginia in ihrem Tagebuch, 15. April 1939

Dieses Tal der Verzweiflung wird mich nicht verschlingen, das
schwöre ich. [...] Ich fange an, Introspektion zu verabscheuen.
Virginia in ihrem Tagebuch, 26. Januar 1941

∞

Auf ein Leben zurückblicken, das eigene Leben. Wie machte man das? In den letzten Jahren hatte Virginia ihre Introspektion noch verstärkt, um ihren Stimmungen auf den Grund zu kommen. Ihr Interesse an Freuds Werk hatte zugenommen, erst jetzt begann sie damit, es wirklich zu studieren – als sie Sigmund vor wenigen Monaten zum ersten Mal begegnet war, hatte er ihr eine Narzisse geschenkt. Nun ging es ihr darum, die Zusammenhänge zwischen ihrem Erleben jetzt, ihrer Persönlichkeit und ihren Kindheitserfahrungen herzustellen. Ein gefährliches Vorhaben, das spürte sie. Aber Vanessa hatte recht, wenn sie ihr vor zwei Tagen geraten hatte, ihre Memoiren aufzuschreiben, bevor sie zu alt dazu wäre, so wie es der armen Lady Strachey ergangen war. Virginia war jetzt siebenundfünfzig und hoffte auf noch zehn gute Jahre, aber so, wie die Welt und ihr Inneres sich gerade entwickelten, gab es vielleicht nichts, das ungewisser war als das.

Also saß sie nun an ihrem Tisch, vor sich ein paar Bögen Papier, bereit, sich zunächst zwei oder drei Morgen mit dem zu beschäftigen, was sie *Skizze der Vergangenheit* nennen wollte. Und ja, sie gab es zu, es ging ihr dabei auch um eine Abwechslung zum sich zäh hinziehenden Schreiben der Biografie ihres verstorbenen Freundes Roger Fry. Da ihre Zeit deshalb aber vorerst begrenzt war, würde sie nicht lange über die richtige Form nachdenken, dieses Vorhaben anzugehen, sondern einfach darauf vertrauen, dass diese sich von selbst ergab. Nur eines wusste sie: Es gab eine unendliche Anzahl von Dingen und Ereignissen, an die sie sich erinnern konnte. Darum wollte sie sich zunächst auf die wichtigsten konzentrieren, auf jene Momente, zu denen sie auch das genaue Gefühl im Augenblick des Erlebens wieder heraufbeschwören konnte, und jene, die ihr tiefere Einsichten in sich selbst und etwas, das größer war als sie, geschenkt hatten.

Sie begann mit ihrer allerersten Erinnerung, machte weiter mit einer anderen, vielleicht noch wichtigeren: Im Halbschlaf lag sie als kleines Kind auf ihrem Bett in St. Ives, sie lag da im dämmrig-gelben Morgenlicht, das das Rollo kaum abhielt, hörte, wie der Wind es bauschte und das Holzstück am Ende seiner Schnur über den Boden schleifte, und dahinter die Wellen, die sich, eins-zwei, eins-zwei, brachen und den Strand hinaufschäumten. Und sie spürte das Glück in ihrer Brust, die reine Ekstase darüber, endlich wieder hier zu sein, weg aus London, und vor ihr der ganze Sommer. Wenn das Leben eine Schale auf einem Fundament war, die man füllte und füllte, dann war ihr Fundament genau diese Erinnerung.

Als Nächstes sah sie sich zum Strand hinuntergehen, an einer Reihe von Gärten entlang, hörte die Bienen in den Bäumen summen, so gegenwärtig, dass sie jetzt mit der Hand um ihren Kopf fuhr, als müsste sie einige verscheuchen.

Wenn sie sich diesen Erinnerungen zur Gänze hingab, konnte sie, und diesen Gedanken schrieb sie auf, um von dort aus zu einem anderen überzuleiten, ein Stadium erreichen, in dem sie alles so wahrnahm, als wäre sie tatsächlich wieder dort. Und manchmal war es sogar so, dass in günstiger Stimmung oder angeregt durch ein äußeres oder inneres Ereignis, das nicht immer genau zu bestimmen war, Erinnerungen von Dingen, die eigentlich vergessen schienen, aber mit großer Intensität erlebt worden waren, wieder auftauchten, und das mit voller Wucht.

Langsam tastete sie sich auf dem Papier zu dem Ereignis vor, das sie jetzt beschreiben musste. Erst kürzlich hatte sie sich wieder daran erinnert, es musste tief in ihr vergraben gewesen sein, vielleicht hatte es auch irgendwo gänzlich unabhängig von ihr existiert, denn bis dahin war es vollkommen vergessen gewesen. Oder wenigstens dem Bewusstsein nicht zugänglich, dachte sie und begann zunächst die Spiegelscham zu beschreiben, die sie in jungen Jahren entwickelt hatte, die Schuldgefühle, die sie überfielen, sobald sie in einen Spiegel blickte, die Angst vor dem eigenen Körper. Und dann kam sie zu demjenigen Moment, der dazu gereichte, dieses wesentliche Element ihrer Persönlichkeit, das sie bis ins hohe Erwachsenenalter geprägt hatte, endlich zu verstehen. Kurz weigerte die Feder, die Hand, Virginia sich, es auf Papier zu bannen, aber dann schrieb sie, und dann war sie wieder im Vestibül von Talland House.

Sie war sehr klein, vier, vielleicht fünf Jahre alt, und ihr Halbbruder kam herein, Gerald, nicht George. Gerald war zwei Jahre jünger als George, aber immer noch zwölf Jahre älter als sie, fast schon ein Mann. Er gab sich nie mit ihr ab, aber heute blieb er stehen und sprach sie freundlich an. Überrascht hielt sie in ihrem Spiel inne, noch ganz gefangen in ihrer Fantasie. Er kam zu ihr und hob sie hoch, einfach so, als wäre sie nur ein Kleiderbündel. Außen an der Speisezimmertür, gegenüber von der Kommode mit dem Spiegel, war auf einem Sims eine Abstellplatte für Geschirr angebracht. Dort setzte er sie hinauf, und ohne ein Wort zu sagen, begann er, ihren Körper abzutasten.

Sie erinnerte sich an das instinktive, jahrtausendealte Entsetzen, als seine Hand sich unter ihre Kleider schob und sich energisch immer tiefer vortastete. Gewisse Teile des Körpers durften nicht berührt werden, und es war falsch, sie berühren zu lassen. In ihr Entsetzen mischte sich Empörung, doch als sie weinen, schreien wollte, kam kein Ton heraus. Angst. Sie wand sich, als Geralds Hand immer näher an ihre Geschlechtsteile kam, hoffte, er würde aufhören, wenn sie sich nur steif genug machte. Doch er hörte nicht auf, seine Hand hielt nicht inne. Und kurz bevor sie sich in sich selbst einschloss, um in Sicherheit zu sein, fiel ihr Blick in den Spiegel gegenüber, und sie sah Gerald, und sie sah sich, und sie sah die Fratze eines Tieres, das auf sie beide hinunterblickte. Im Traum würde es ihr wiederbegegnen.

Virginia nahm die Feder vom Papier. Für heute war es genug. Als sie sich erhob, musste sie plötzlich an Vita denken, an Auxerre, an ihren Spiegelkauf, das Gespräch am Kamin. Ja, sie würde Vita anrufen und ihr erzählen, was sie herausgefunden hatte. Außerdem konnte sie ein wenig Trost brauchen. Und wer, wenn nicht die wichtigste aller Freundinnen, würde ihn ihr besser spenden können?

SEINSMOMENTE II:
Loslösung (1941)

Befreit war er von dem brennenden Schmerz
zurückgewiesener Liebe, gekränkter Eitelkeit
und all den Stichen und Wunden, die das Nesselbett
des Lebens ihm zugefügt hatte [...].
Orlando

Im Wohnzimmer steht sie für einen Moment still und betrachtet die Umschläge in ihren Händen. Eigentlich hat sie vorgehabt, auch einen Brief für Vita zu hinterlassen, doch dann ist ihr klar geworden, dass sie ihren Abschiedsgruß an sie längst verfasst hat: In ihrer letzten Kurzgeschichte »The Symbol«, die sie erst vor Kurzem beendet hat. Es ist ein Text, in dem sie ihre hartnäckige Vision, über den Gipfel eines Berges zu schreiben, nach Jahren doch noch verwirklicht hat. Das Leben hält so wenige Berggipfelmomente bereit: in Frieden von einer Höhe aus Ausschau zu halten.

Denkt sie an Berge, denkt sie an Vitas ersten intimen Brief an sie und an ihren ersten Besuch in Monk's House, an ihre lebhaften Berichte aus dem Urlaub in den Dolomiten, in dem sie genau das getan hat – Gipfel besteigen, Ausschau halten und dabei zu reiner Energie werden –, in dem sie von ihrem Hotelfenster aus die Berge ebenso bewundert hat wie die jungen Bergsteiger, die vielleicht als Einzige wüssten, wie das Leben zu leben sei.

Diese Erinnerungen hat sie in der Geschichte wiederbelebt, ein Geheimnis, das Vita sicher entschlüsseln wird. Diese Frau, der sie für ihre Liebe, ihre Freundschaft und selbst für den Schmerz, den sie ihr zugefügt hat, unglaublich dankbar ist. Ihr Leben ist so viel reicher geworden durch sie.

Die alte Dame indes, die Hauptfigur, die auf dem Balkon ihres Hotelzimmers einen Brief schreibt, ist ihr selbst nachempfunden.

Resigniert vom Leben, gefühlstaub geworden, zu deprimiert, sich die Fingernägel zu schneiden oder die Haare zu kämmen. Der Anblick des Bergs drückt sie nieder, denn sie weiß, für sie ist der Gipfel unerreichbar. Wenn es ihr nur gelänge, glaubt sie, könnte sie glücklich sterben; in einer Mulde, die sie dort oben wähnt, ein ewiges Refugium finden. Doch nicht einmal den jungen Burschen gelingt es letztlich, den Gipfel zu erklimmen; sie alle kommen beim Aufstieg ums Leben.

Tiefe Verzweiflung hat Virginia ergriffen, schon vor dem Schreiben dieses Textes und danach noch umso mehr. Sie kann nicht mehr essen, nicht mehr schlafen und weiß, dass sie wieder verrückt wird, denn es ist genau wie beim ersten Mal. Mit nervösem Zittern hat es begonnen. Dann bedrängten Stimmen sie, und taten sie es anfangs nur vereinzelt, aus im Schatten liegenden Winkeln, so sind sie jetzt ihre ständigen Begleiter. Sie hat gekämpft, ihr Leben lang. Aber nun fehlt ihr die Kraft, all das noch einmal zu bezwingen. Tavistock Square 52 ist zerbombt, mit Blick auf die Ereignisse in der Welt erscheint ihr alles sinnlos.

Leonard ist beunruhigt, obwohl sie sich bemüht, die Tragweite ihres Zustands zu verbergen, und den ersten Versuch, ins Wasser zu gehen, mit einem Ausrutschen und dem Sturz in einen Wassergraben erklärt hat. Aber wie hat Nessa geschrieben, nachdem sie auf Leonards Bitte hin nach ihr gesehen hat? Was denn sei, wenn die Invasion käme und sie dann eine hilflose Invalidin sei? Sie solle sich Ruhe gönnen. Ein Rat, der zeigt, dass Vanessa so hilflos ist wie sie selbst und wie alle Ärzte es je waren.

Nun, für den Fall der Invasion haben Leonard und sie sich eine tödliche Dosis Morphium besorgt – die Nicolsons sind mit Giftpillen eingedeckt –, und mit Vitas Hilfe sind sie außerdem an Benzin gelangt, mit dem sie bei laufendem Motor eine Kohlenmonoxidvergiftung herbeiführen können. Doch sie will Leonard nicht weiter zur Last fallen, ohne sie schafft er es vielleicht heil aus der Misere. Sie will, sie kann nicht mehr.

Ihr erster Versuch vor ein paar Tagen war halbherzig, der erste Abschiedsbrief an Leonard wie der Beginn einer noch zaghaften Generalprobe. Noch nicht ganz im Wasser, hat sie an sein Gesicht gedacht, wenn er den Brief fände, und ist erschrocken wieder herausgewatet. Auf dem Weg zurück kam er ihr bereits entgegen, und bei ihrem Anblick sah er so betroffen aus, dass sie einen Moment lang glaubte, es gar nicht aus dem Wasser geschafft zu haben, dass er in Wahrheit ihre Leiche betrachtete.

Inzwischen sind derartige Gedanken in den Hintergrund gerückt, ihr Entschluss steht fest, und mit ihm ist eine große Gelassenheit über sie gekommen, die sie die Stimmen jetzt ignorieren lässt.

Virginia platziert die Briefe für Leonard und Nessa auf dem Kaminsims und greift im Flur nach Mantel und Spazierstock. Sie verlässt das Haus, und in dem Moment verlassen die Stimmen sie. Als die Tür hinter ihr zufällt, sind sie einfach fort. Vielleicht hat ja die Wucht ihres Entschlusses sie zum Rückzug gezwungen. Ein letztes Mal durchschreitet sie den Garten, in dem Leonard vor Tagen noch den Flieder geschnitten hat und der nun langsam zu neuem Leben erwacht. Aber nein, es ist keine Wehmut, die sie erfasst, sondern Erleichterung. Mit jedem Schritt breitet sie sich weiter in ihr aus. Sie geht durch die Seitenpforte, an der Kirche vorbei und hinunter zur Ouse, zügig, aber nicht getrieben, sondern kraftvoll mit dem Nachdruck einer getroffenen Entscheidung.

Nun wird alles gut, Virginia. Mit der einzigen Erfahrung, über die sie niemals schreiben kann, wird alles gut werden.

Am Fluss angekommen, sieht sie sich um und füllt dann Steine in ihre Manteltaschen. Der Fluss führt Hochwasser, die Strömung rauscht. Mithilfe ihres Stockes steigt sie in die Fluten, der Kälteschock macht sie keuchen. Die Strömung zerrt an ihr, doch noch steht sie. Dann blickt sie sich ein letztes Mal um, ach, geliebte Downs, schließt die Augen und lässt los. Den Stock, ihren Körper, das Leben. Unter Wasser ein kurzer Kampf, doch nach einem tiefen Atemzug ist Frieden.

Und nun, während ihr Gehirn stirbt, schenkt es ihr noch einmal die Bilder all ihrer Seinsmomente. Es ist also tatsächlich so, wie man sagt, würde sie denken, wenn sie jetzt noch denken könnte, aber es sind nicht nur die schönen, heiteren Momente, sondern auch alle dunklen. Sie haben jetzt nichts Furchterregendes mehr und nichts Quälendes. Im Moment des Todes fügen sie sich nahtlos zu dem Ganzen, das ihr Leben ausgemacht hat. Und etwas, das sie selbst und gleichzeitig größer ist als sie, begreift, dass ihr Leben nicht sinnlos oder weniger wert war wegen dem, was sie als ihre Unzulänglichkeiten empfand, was ihr angetan wurde und sie geprägt hat, wegen ihrer Krankheit und Qualen. Es begreift, wie stark sie eigentlich war und wie mutig. Sie hat so viel geschafft, ihren Beitrag zur Erneuerung der Literatur geleistet, Gegebenes infrage gestellt, hat über die Dinge gesprochen, die ihr angetan wurden, sie hat ihren Teil dazu beigetragen, dass es anderen nicht mehr so ergehen wird. Was sie geleistet hat trotz ihrer Erlebnisse, trotz ihrer Konstitution. Das alles ist so viel mehr als nichts. Nein, es war nicht umsonst.

Und bevor es nach einem letzten Bild, dem frühesten – rote und violette Blumen auf schwarzem Stoff, dem Kleid ihrer Mutter – erlischt, öffnet sich ihr unbewusstes Bewusstsein, das man vielleicht Seele nennen kann, dehnt sich über die Gegenwart hinaus, und jede Zelle ihres Körpers versteht, dass so vieles von ihr überdauern wird. Denn das ist ein Trick, den die Literatur wie keine andere Kunst beherrscht.

NACHWORT

Geliebte Orlando beleuchtet die langsame Annäherung, die intime Liebesbeziehung und schließlich die lebenslange Freundschaft zweier herausragender Persönlichkeiten, die auf ihrem Gebiet der Literatur Besonderes geleistet haben und auch heute noch zu inspirieren vermögen.

In ihrer Liebe zueinander haben Virginia Woolf und Vita Sackville-West sich gegenseitig beflügelt, etwas erlebt, das für beide auf gänzlich verschiedene Weise den Charakter von etwas noch nie Dagewesenem besaß. Während ihrer gemeinsamen Zeit verhandelten sie gesellschaftliche, kulturelle und persönliche Fragen, die uns auch heute noch beschäftigen: Emanzipation und Gleichberechtigung, Geschlechterrollen, die Unterschiede zwischen biologischem und sozialem Geschlecht, zwischen Liebe und Freundschaft, guter und schlechter Literatur.

Der Blick auf diese beiden Frauen und ihre Biografien verdeutlicht, wie vielgestaltig Leben und Lieben nicht erst in unserer Gegenwart sind, sondern es schon immer waren und dass es sich bei den daraus resultierenden Herausforderungen um keine neuen, aber immer noch um relevante gesellschaftliche Themen handelt.

Geliebte Orlando ist ein biografischer Roman, in ihm finden sich sowohl Fakten als auch Fiktion. Wie nah kommt dieses Buch also dem tatsächlich Gewesenen?

Der wesentliche Unterschied zwischen einer klassischen Biografie und einem biografischen Roman besteht darin, dass Letzterer die bekannten Daten und Gegebenheiten nutzt, um diese künstlerisch zu gestalten, sie um Dialoge zu erweitern und sich auch in die Innenwelt der behandelten Persönlichkeiten einzufühlen. Auf diese Weise soll, so die Intention, eine individuelle Biografie nicht durch die Aneinanderreihung chronologischer Fakten, sondern als gelebtes Leben nachvollziehbar, ja fühlbar werden.

In ihren Briefen und Tagebucheinträgen haben Virginia und Vita sehr ausführlich Zeugnis über ihre Beziehung zueinander abgelegt, darum waren diese mir die wichtigsten Quellen bei dem Versuch, insgesamt so nah wie möglich an der Wahrheit dieser Liebe und dem Leben darum herum zu bleiben. Aus meinen sonstigen Quellen hervorheben möchte ich Susanne Amrains Buch *So geheim und vertraut,* dessen gründliche Analyse des Materials einen ganz anderen Schluss über die Liebesbeziehung der beiden Frauen ermöglicht als die noch eher verharmlosenden frühen Darstellungen von Quentin Bell und Nigel Nicolson.

Nahezu alle in diesem Buch beschriebenen Ereignisse haben wie geschildert stattgefunden; um Wiederholungen zu vermeiden, kam es aber vor, dass ich Begebenheiten, etwa aus verschiedenen Treffen beider, in einer Szene zusammengefügt habe. Der genaue Wortlaut der handelnden Personen im Gespräch ließ sich natürlich nicht mehr rekonstruieren, die besprochenen Themen finden sich jedoch meist in den Tagebüchern oder sonstigen Aufzeichnungen. Eine Quelle für die konkrete Ausgestaltung der

Dialoge waren mir die Briefe, deren Inhalte ich auf die persönlichen Gespräche übertragen habe.

In der Konstruktion dieses biografischen Romans habe ich mir dennoch einige Freiheiten genommen, zumeist sind sie aber marginal und betreffen Inhaltliches nicht. Die einzige größere erzählerische Freiheit möchte ich aber hier benennen: Der Besuch des Spielzeugladens und das Verteilen der Ballons an Kinder in Sevenoaks ist nicht belegt und stattdessen von mir erdacht. Ich habe diese Szene eingebaut, weil sie mir die Gelegenheit dazu gab, das wiederum belegte Weglaufen Vitas als Kind und ihren damaligen Ballonkauf zu erwähnen. Auch diente sie dazu, Virginias dargestellten Übermut an diesem Vormittag, über den jedoch nur der Besuch des Fischgeschäfts gesichert ist, zu demonstrieren.

Virginia und Vita hatten ein sehr unterschiedliches Verständnis von Liebe, sicherlich entsprungen aus dem, was beide in ihrer Kinder- und Jugendzeit entscheidend geprägt hat. Daraus resultierten immer wieder auch Reibungspunkte, die letztlich zur Beendigung der intimen Beziehung geführt haben. Wann genau diese endete, lässt sich nicht eindeutig feststellen, als gesichert erscheint jedoch, dass sie nicht wesentlich länger als drei volle Jahre gedauert hat. Da aus Briefen deutlich wird, dass es beim Essen im »Funkelturm« ein unerhörtes Ereignis gegeben haben muss, einen Ausbruch Virginias, den Vita später sehr eindeutig als aus unterdrückter Lust hervorgegangen bezeichnet, habe ich jenen Abend als Folie für das Ende des intimen Verhältnisses gewählt.

In der Szene, die Virginias Vortrag am Girton College in Cambridge behandelt, habe ich die britische Dichterin und Kritikerin Kathleen Raine als Perspektivfigur gewählt, nicht nur weil sie an diesem Tag tatsächlich als Studentin zugegen war und später einen Bericht dazu verfasst hat, sondern auch weil der nähere Blick auf ihre weitere Biografie letztlich genau die von Virginia in ihrem Vortrag dargelegten Probleme widerspiegelt, mit denen Berufsschriftstellerinnen zur damaligen Zeit konfrontiert waren.

Wie im Buch erwähnt, hat Raine nach dem Studium nicht, wie von den Eltern gewünscht, als Lehrerin gearbeitet, sondern konnte sich in ihrer ersten Ehe zunächst dem Schreiben widmen, blieb dabei aber von ihrem Mann finanziell abhängig. Während ihrer zweiten Ehe war sie anfangs gezwungen, Hilfsarbeiten anzunehmen, später dann führte sie, im Gegensatz zu ihrem beruflich eingespannten Mann, ein isoliertes Leben als Hausfrau und Mutter und konnte nicht mehr schreiben. Erst Jahre später befreite sie sich aus dieser Situation, mietete ein kleines Pfarrhaus für sich allein (und ihre Kinder) und fand zu ihrer eigenen Vorstellung von Poesie zurück.

Ein Wort verlieren möchte ich zum Schluss noch über Virginias Suizid, ihren Tod, die einzige Erfahrung, über die sie niemals schreiben konnte. Die Verzweiflung, die sie an jenem Tag und in den Wochen davor verspürt haben muss, kann ich nur erahnen, doch sie muss unaushaltbar gewesen sein. Beim Schreiben verspürte ich das große Bedürfnis, Virginia in all der Trostlosigkeit dieser letzten Tat ein versöhnliches, ein friedliches Ende zu schenken.

Dabei kam mir eine zufällige Entdeckung zu Hilfe, über die zu jener Zeit in den Medien berichtet wurde: Ein 87-jähriger Notfallpatient war im Krankenhaus während einer EEG-Messung verstorben. Damit lagen der Wissenschaft erstmalig Aufzeichnungen von Gehirnwellen zum Todeszeitpunkt vor. Kurz vor und kurz nach dem Eintritt des Todes zeigten die Gehirnwellen das spezifische Muster, das sonst für Träume oder den Abruf von Erinnerungen charakteristisch ist. Weitere Forschung ist nötig, aber es liegt damit zumindest die Vermutung nahe, dass die Seinsmomente unseres Lebens im Augenblick des Todes noch einmal rekapituliert werden.

Dies war der Ausgangspunkt für die letzten Zeilen von *Geliebte Orlando*. Und ist es nicht eine schöne Vorstellung, es könnte wirklich so sein?

Katja Kulin
im August 2023

DANK

Das Schreiben eines Buchs ist nicht selten eine einsame Angelegenheit, doch seinen Weg bis hin zu den Leser:innen ermöglichen und begleiten noch so viel mehr Menschen. Ihnen allen gilt mein Dank. Ganz besonders danken möchte ich dem gesamten Team des DuMont-Buchverlags für die wunderbare Betreuung, zuvorderst Sabine Cramer, Tanja Rauch und Julius Hendricks, außerdem meiner Außenlektorin Claudia Alt. Ebenfalls danke ich meinem Agenten Dr. Martin Brinkmann.

LITERATUR- UND
QUELLENVERZEICHNIS

Dieses Buch ist eine Romanbiografie, hält sich jedoch möglichst nah an das, was das zahlreich vorhandene Material zur Liebe und Freundschaft zwischen Virginia Woolf und Vita Sackville-West und zum Leben und Werk beider dokumentiert (siehe Nachwort). Auf den folgenden Seiten finden sich daher die wichtigsten Quellen, deren Inhalte in *Geliebte Orlando* eingeflossen sind. Dies soll der Nachvollziehbarkeit dienen, vor allem aber eine Anregung zum Weiterlesen sein. Viele der aufgeführten Bücher sind auch in anderen Ausgaben als den hier genannten erhältlich, insbesondere Woolfs Werk wird wieder umfangreich neu aufgelegt.

Alle im Buch befindlichen Zitate aus Woolfs Werk, ihren Briefen und Tagebucheinträgen sowie aus Sackville-Wests Briefen entstammen meiner eigenen Übersetzung aus dem Englischen.

GESAMMELTE WERKE
VON VIRGINIA WOOLF

(Kurzgeschichten, Essays, Romane, Briefe, Tagebücher)
The Complete Collection, Hash Books 2021

SCHRIFTEN VON
VIRGINIA WOOLF

(nach Erscheinungsdatum der englischen Erstausgabe)
Der gewöhnliche Leser 1. Essays. S. Fischer, Frankfurt am Main
    1989
Mrs Dalloway. Anaconda, München 2013
Die Fahrt zum Leuchtturm. Aura Books, 2021
Orlando: Die Geschichte eines Lebens. eClassica/Aura Books 2018
Ein Zimmer für sich allein. Anaconda, München 2020
Drei Guineen. Verlag Frauenoffensive, München 1981
Augenblicke. Skizzierte Erinnerungen. DVA, Stuttgart 1981
Schreiben für die eigenen Augen. Aus den Tagebüchern 1915–1941.
    S. Fischer, Frankfurt am Main 2012

SCHRIFTEN VON
VITA SACKVILLE-WEST

(nach Erscheinungsdatum der englischen Erstausgabe)
Knole and the Sackvilles. E-Book, Project Gutenberg, 2021
Die Herausforderung. S. Fischer, Frankfurt am Main 1992
Seducers in Ecuador & The Heir. Virago Press, London 1987
Passenger to Teheran, E-Book, Project Gutenberg, 2013
The Land. Heinemann Reprint Edition, London 1955

Selected Writings. Edited by Mary Ann Caws. St. Martin's Press, New York 2015

A Note of Explanation: An Undiscovered Story from Queen Mary's Dollhouse. Chronicle Books, San Francisco 2018

LITERATUR ÜBER VIRGINIA WOOLF UND VITA SACKVILLE-WEST/ HERAUSGEBERSCHAFTEN

(alphabetisch nach Autor:in)

Amrain, Susanne: *So geheim und vertraut. Virginia Woolf und Vita Sackville-West.* Suhrkamp, Frankfurt am Main 1994

Bechdel, Alison (Hrsg.): *Love Letters. Virginia Woolf and Vita Sackville-West.* Penguin Random House UK, London 2021

Bell, Quentin: *Virginia Woolf. Eine Biographie.* Suhrkamp, Frankfurt am Main 1982

Dennison, Matthew: *Behind the Mask. The Life of Vita Sackville-West.* William Collins, London 2014

DeSalvo, Louise und Leaska, Mitchell A. (Hrsg.): *The Letters of Vita Sackville-West to Virginia Woolf.* Papermac, London 1985

DeSalvo, Louise: *Virginia Woolf. Die Auswirkungen des sexuellen Missbrauchs auf ihr Leben und Werk.* S. Fischer, Frankfurt am Main 1998

Gristwood, Sarah: *Vita & Virginia. The Lives and Love of Virginia Woolf and Vita Sackville-West.* National Trust Books, London 2018

Lavizzari, Alexandra: *Vita & Virginia.* Ebersbach & Simon, Berlin 2022

Nicolson, Nigel (Hrsg.): *Portrait einer Ehe. Harold Nicolson und Vita Sackville-West.* Ullstein, Frankfurt am Main|Berlin 1990

Nicolson, Nigel, und Trautmann, Joanne (Hrsg.): *The Letters of Virginia Woolf. Vol. 6 (1936–1941)*, Houghton Mifflin, London 2009

Nicolson, Nigel (Hrsg.): *Vita & Harold. The Letters of Vita Sackville-West and Harold Nicolson 1910–1962.* Weidenfeld & Nicolson, London 2018

Spalding, Frances: *Virginia Woolf. Leben, Kunst & Visionen*. Sieveking Verlag, München | Berlin 2016

Stape, John Henry: *Virginia Woolf. Interviews and Recollections*. University of Iowa Press, Iowa City 1995

Woolf, Leonard: *Mein Leben mit Virginia*. S. Fischer, Frankfurt am Main 1991

SONSTIGE

(alphabetisch)

Carpenter, Edward: *The Intermediate Sex. A Study of Some Transitional Types of Men and Women*. E-Book, Project Gutenberg, 2016

Ellis, Havellock: *Studies in the Psychology of Sex, Volume 2. Sexual Inversion*. E-Book, Project Gutenberg, 2004

Frick-Gercke, Christine (Hrsg.): *Inspiration Bloomsbury. Der Kreis um Virginia Woolf*. S. Fischer, Frankfurt am Main 2003

Glendinning, Victoria: *Leonard Woolf. A Biography*. Free Press, New York 2006

Kumpfmüller, Michael: *Ach, Virginia*. Kiepenheuer & Witsch, Köln 2020

Light, Alison: *Mrs Woolf and the Servants*. Penguin Books, London 2007

Oppenheim, Janet: *»Shattered Nerves«. Doctors, Patients and Depression in Victorian England*. Oxford University Press, Oxford 1991

Phillips, Ann (Hrsg.): *A Newnham Anthology*. Cambridge University Press, Cambridge 2010

Spotts, Frederic (Hrsg.): *Letters of Leonard Woolf*. Harcourt Brace Jovanovich, San Diego 1989

AUFSÄTZE, ARTIKEL,
WISSENSCHAFTLICHE PUBLIKATIONEN

(nach Erscheinungsdatum)

Autor:in unbekannt: *Modern English Decoration: Some Examples of the Interesting Work Of Duncan Grant and Vanessa Bell.* In: *Vogue,* November 1924

Spilka, Mark: *On Mrs. Dalloway's Absent Grief: A Psycho-Literary Speculation.* In: *Contemporary Literature*, Vol. 20, No. 3 (Summer, 1979), S. 316–338

Trombley, Stephen: *Virginia Woolf and Her Doctors.* Thesis submitted to the University of Nottingham for the degree of Doctor of Philosophy, October 1980

DeSalvo, Louise: *Lighting the Cave: The Relationship between Vita Sackville-West and Virginia Woolf.* In: *Signs, Vol. 8, No. 2 (Winter 1982)*, S. 195–214

Curtis, Anthony: *Kitty Maxse: The Real Mrs Dalloway.* In: PN Review, Volume 24, No. 1, 1997

Bezircilioğlu, Sinem: *The Rhythm in the Corridors of Virginia Woolf's Mind.* In: *Procedia – Social and Behavioral Sciences*, Volume 1, Issue 1, 2009, S. 771–775

Bettinger, Elfi: *Virginia & Vita in Berlin.* Tagesspiegel, 15.01.2009

Jana, Rosalind: *Dorothy Todd: Wie eine lesbische VOGUE-Chefredakteurin in den 1920ern den Weg für die LGBTQ+-Community ebnete.* In: *Vogue Germany* (online), Juni 2020

Hopffgarten, Anna von: *»Nach drei Minuten setzt sich eine riesige Welle in Gang«.* In: Spektrum der Wissenschaft (online), August 2022

Über Liebe und Leben der überragenden
Feministin Simone de Beauvoir

336 Seiten / Auch als E-Book und digitales Hörbuch

1974 lernt Simone de Beauvoir auf einer Vortragsreise den Schriftsteller Nelson Algren kennen und beginnt mit ihm eine leidenschaftliche Liebesbeziehung. Doch von Beginn an steht ihr Pakt mit Sartre
trennend zwischen den Liebenden.

www.dumont-buchverlag.de

DUMONT